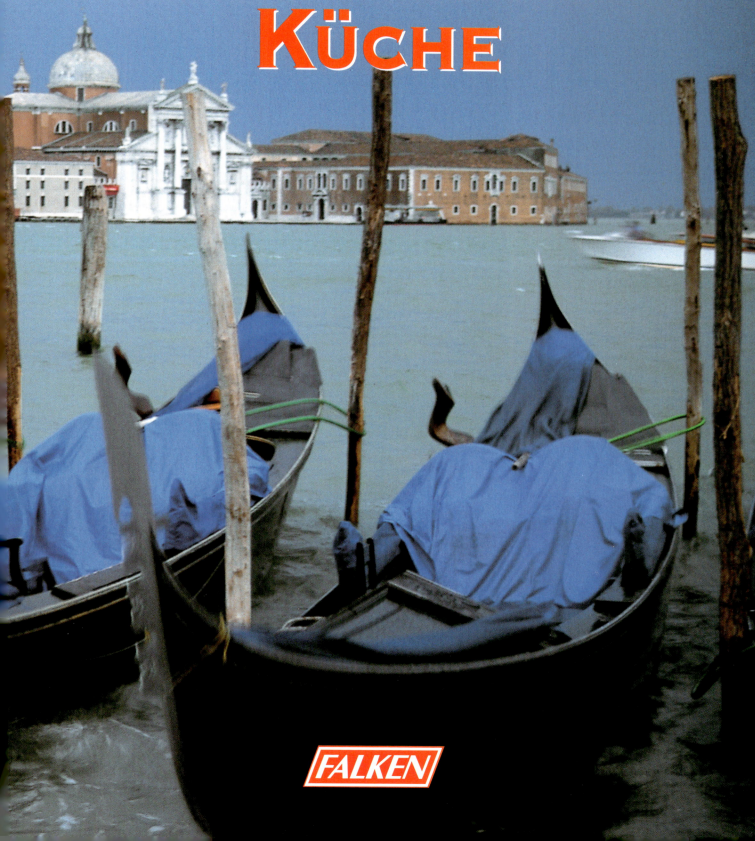

Marianne Kaltenbach · Remo Simeone
Rezeptfotos von Wolfgang und Christel Feiler

Italienische Küche

FALKEN

Inhalt

VIVA ITALIA – ESSEN UND TRINKEN WIE IN ITALIEN

Die Küche der Regionen

Sie ist einfach, natürlich, oft sogar bäuerlich derb. Und sie ist die Wiege der europäischen Kochkunst: die italienische Küche, von der allerdings zu recht behauptet wird, daß es sie als Einheit gar nicht gibt. Italiens Küche ist die Küche der Regionen.

Ihre Küchenkünste sind genauso vielfältig wie die Provinzen und ihre Bewohner. Jede Region hat ihre typischen Spezialitäten, und die wiederum sind geprägt von der Landschaft und vom Klima, aber

auch von ihrer Kultur und ihrer Geschichte. Und so wird in den Bergdörfern der Alpen anders gekocht als in denen Siziliens, an der Adria anders als an der Riviera und in Florenz anders als in Mailand.

Geheimnisse aus Küche und Keller

Da die Italiener ausgesprochen traditionsbewußt sind, und jede Familie ihre alten Küchengeheimnisse über Generationen hinweg hütet, hat sich in der italienischen Küche eine Vielfalt entwickelt, die kaum ein anderes Land zu bieten hat.

Und genau dieses faszinierende Spektrum der *vera cucina italiana,* der echten italienischen Küche, wollen wir Ihnen in diesem Buch ein bißchen näherbringen. Lehnen Sie sich bequem zurück, und gehen Sie mit uns auf kulinarische Entdeckungsreise durch Italien, von Piemont bis nach Sizilien.

Italien mit allen Sinnen entdecken

Lassen Sie sich in malerische Dörfer führen, bestaunen Sie die herrliche Landschaft, tauchen Sie ein in die geschichtsträchtige Kultur dieses Landes. Bummeln Sie mit uns über den Gemüsemarkt von Palermo und den Trüffelmarkt von Alba, schauen Sie den Reismüllern in der Poebene, den Käsebäuerinnen im Aostatal und den Pizzabäckern in Neapel bei ihrer Arbeit über die Schulter. Erkunden Sie die Keller der Weinbauern im Chianti-Gebiet, und lassen Sie sich von einer italienischen *mamma* in die Geheimnisse der Pastazubereitung einweihen.

Beim Durchblättern des umfangreichen Rezeptteiles werden Sie staunen, wie einfach und dennoch raffiniert Fleisch, Fisch und Geflügel *all'italiana* zubereitet werden, wie schmackhaft Gemüse und Sala-

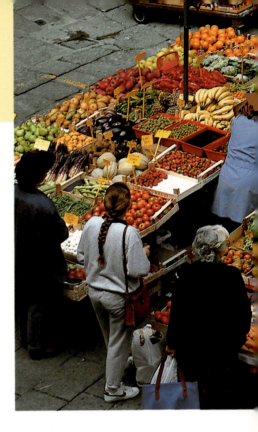

te, und wie üppig Desserts sein können. Sie werden mit Sicherheit ein paar Klassiker wie *saltimbocca alla romana* und *spaghetti alla carbonara* wiederfinden, aber auch auf noch kaum bekannte regionale Spezialitäten treffen.

Am Ende dieses Kapitels finden Sie eine Menge Anregungen, um Ihre Menüs ganz individuell zusammenzustellen. Damit können Sie auch zu Hause so schlemmen wie einst Lukull im antiken Rom.

Die Römer und der Käsekuchen

Begonnen hat natürlich alles mit den alten Römern. Sie holten sich ihre Rezeptideen aus Kleinasien und aus Griechenland, vermischten alles mit den Produkten aus dem eigenen Land, und fertig war der Beginn der italienischen Kochkunst.

Zu Zeiten Caesars kannte man bereits *gnocchi* und *frittata,* Würzsaucen und Käsekuchen, schätzte Kräuter und gutes Olivenöl, trank Wein aus den römischen Provinzen und tafelte, daß sich die Tische bo-

gen. So soll ein gewisser Phagus am Hofe des Kaisers Aurelian bei einem Abendessen 1 Wildschwein, 1 Hammel, 1 Ferkel und 100 Brote vertilgt haben.

Doch es waren nicht die Gelage der Oberschicht, die die römische Küche maßgeblich beeinflußt haben. Vielmehr war es die einfache Küche der Hirten und Bauern, die ihr Brot damals wie heute mit Salz und Olivenöl würzten.

Nach dem Untergang des Römischen Reiches entwickelte sich erst in der Renaissance wieder eine italienische Eßkultur. Florenz wurde Mittelpunkt der Kochkunst, die Mahlzeiten immer abwechslungsreicher, und das nicht nur bei Hofe. Auch im einfachen Volk aß man Salat und Früchte als Vorspeise und Trauben, Käse sowie Feigen zum Dessert.

Im 15. Jahrhundert wird die *pasta* Hauptbestandteil der italienischen Mahlzeit, obwohl in einem Kochbuch aus dem 13. Jahrhundert bereits *tortellini* und *vermicelli* erwähnt werden Und auch aus der Neuen Welt kommen Produkte, die in der italienischen Küche schnell heimisch werden: Tomaten, weiße Bohnen, Peperoni und der Mais für die *polenta.*

Und schließlich war es auch eine Italienerin, die die Entwicklung der französischen Küche wesentlich beeinflußt hat. Als Katharina von Medici von Florenz nach Frankreich reiste, um den zukünftigen König Heinrich II. zu ehelichen, brachte sie lieber gleich ihre eigenen Köche mit.

Nur das Beste ist gut genug

Jeder Italiener ist ein *buongustaio,* ein Feinschmecker. Schon von Kindesbeinen an legt er Wert auf Qualität – und die beginnt bereits bei der Auswahl der Zutaten. Nur das Beste ist ihm gerade gut genug. Und das wird dann auch mit sehr viel Liebe und Sorgfalt zubereitet.

Fast alles ist noch Handarbeit, komplizierte Küchengeräte kennt die italienische Hausfrau nicht. Essen und Trinken betrachtet man als rituelle Handlung und genießt beides in Ruhe. Der Italiener ißt nicht, um seinen Hunger zu stillen, sondern um in Gesellschaft zu genießen und dabei über Gott und die Welt zu reden.

Die italienische Menüfolge

Ein typisch italienisches Essen beginnt grundsätzlich mit einem *antipasto,* einer Vorspeise, die oft nur aus ein paar Scheibchen Wurst oder einem Salat besteht. Danach folgen als *primo piatto,* also als erster Gang, *minestra* (Suppe), *pasta* (Teigwaren), *risotti* (Reisgerichte) oder *gnocchi* (Klößchen aus Kartoffeln, Grieß oder Mais). Der Haupt-gang, *piatto di mezzo* genannt, besteht aus Fleisch-, Fisch- oder Eiergerichten. Dazu gibt es als Beilage *(contorno),* entweder ein leichtes Gemüse *(verduro),* nur ein Zitronenviertel oder höchstens eine Kartoffel zu Fleisch- und Fischgerichten und Polentaschnitten zu großen Braten oder Saucengerichten. Den Abschluß eines italienischen Menüs bilden *dolce o formaggio,* also Süßspeisen, Früchte oder Käse mit Früchten. Eine Flasche Landwein und eine Karaffe mit Wasser gehören ebenso auf den Tisch wie frisches Weißbrot.

Das Abendessen ist immer ein bißchen umfangreicher als das Mittagessen, aber auch hier wird auf den ersten Gang nicht verzichtet. Bei besonderen Anlässen serviert man nach dem ersten Gang noch ein Zwischengericht, entweder eine warme Vorspeise, ein besonderes Gemüse- oder ein Fischgericht.

Gaumenfreuden all'italiana

Im Rezeptteil finden Sie genaue Angaben, welches Gericht als Vorspeise, erster Gang, Hauptgericht, Beilage oder Dessert serviert werden kann. Mit den delikaten Rezepten läßt sich ganz nach Lust und Laune Ihr individuelles, echt italienisches Schlemmermenü zusammenstellen, entweder regional oder überregional. Und für alle, die es schon gar nicht mehr abwarten können, kommen hier vorweg unsere Menüvorschläge.

Ganz gleich, für welches Menü Sie sich auch entscheiden: Bringen Sie viel Zeit fürs Essen und Reden mit, und genießen Sie – denn gerade das ist typisch italienisch …

**CROSTINI CON FEGATINI
DI POLLO**
*(Kleine Lebertoasts,
Rezept S. 178)*

**MINESTRA DI ZUCCHINI
CON LE COZZE**
*(Zucchinisuppe mit Muscheln,
Rezept S. 200)*

**LEPRE ALLA CACCIATORA
E POLENTA**
*(Wildhase nach Jägerart,
Rezept S. 106,
und Maisbrei, Rezept S. 20)*

**SEMIFREDDO ALL'AMARETTO
CON FICHI**
*(Amarettoparfait mit Feigen,
Rezept S. 133)*

**INSALATA DI FINOCCHIO
ED ARANCE**
*(Fenchelsalat mit Orangen,
Rezept S. 140)*

**RISOTTO CON IMPANATE
DI SALMONE**
*(Gorgonzolarisotto mit Lachs,
Rezept S. 42)*

**SPIGOLA RIPIENE
ALLE ERBE AROMATICHE
E PATATE ALLA GENOVESE**
*(Wolfsbarsch mit Kräuterfüllung,
Rezept S. 148,
und Kartoffeln mit Sardellen,
Rezept S. 213)*

**GELATO DI RICOTTA
ALLA ROMANA**
*(Ricottaeis nach römischer Art,
Rezept S. 169)*

Hinweise zu den Rezepten

Bevor Sie sich nun von uns in die Welt der Gaumenfreuden auf italienische Art führen lassen, hier noch einige Tips zum Umgang mit den Rezepten:

❖ Die Rezepte sind, wenn nicht anders angegeben, für 4 Personen berechnet.

❖ Der zu jedem Rezept angegebene Arbeitsaufwand schließt die Zeiten für das Waschen, Putzen und Zerkleinern der Zutaten ein. Gar- und Backzeiten sind gesondert erwähnt. Ebenso wie diese müssen auch die weiteren im Rezept genannten Sonderzeiten, wie z.B. Marinierzeiten, zum Arbeitsaufwand hinzugerechnet werden. Alle Zeitangaben beruhen auf durchschnittlichen Erfahrungswerten. Aufgrund der Beschaffenheit des Kochgeschirrs oder von Herden und Backöfen können diese Zeitangaben geringfügig von der tatsächlich benötigten Zeit abweichen.

❖ Die Mengenangaben beziehen sich immer auf die ungeputzte Rohware. Das ermöglicht Ihnen ein unkompliziertes Einkaufen nach der im Rezept angegebenen Zutatenliste.

❖ Die Backofentemperaturen in den Rezepten beziehen sich immer auf einen Elektrobackofen mit Ober- und Unterhitze.

❖ Fast alle der in den Rezepten erwähnten Zutaten sind mittlerweile in gut sortierten Supermärkten problemlos erhältlich. Die Originalprodukte der italienischen Anbieter bekommen Sie in italienischen Feinkostläden. Sehen Sie sich darin doch einmal in aller Ruhe um, und lassen Sie sich von den „echten Kennern der italienischen Küche" beraten. Dann stimmen Sie sich schon so richtig ein auf das Kochen *all'italiana*.

❖ In manchen Rezepten werden besondere Fleisch- und Fischstücke (z.B. Kalbsteaks oder Stockfisch) verwendet. Da nicht jede Metzgerei oder jedes Fischfachgeschäft diese ständig vorrätig hat, empfiehlt es sich, solche Sonderwünsche bereits einige Tage vor der eigentlichen Zubereitung des Gerichtes anzumelden.

Mit diesen Ratschlägen gut versorgt, können Sie nun die kulinarische Reise von Piemont nach Sizilien antreten.

Die Autoren und die FALKEN Kochbuchredaktion wünschen Ihnen viel Vergnügen beim Lesen und viel Freude beim Nachkochen der Rezepte.

Abkürzungsverzeichnis

Min.	=	Minuten
Std.	=	Stunde(n)
TL	=	Teelöffel (gestrichen)
EL	=	Eßlöffel (gestrichen)
g	=	Gramm
kg	=	Kilogramm
ml	=	Milliliter
l	=	Liter
cm	=	Zentimeter
TK-	=	Tiefkühl-
ø	=	Durchmesser
°C	=	Grad Celsius
ca.	=	circa

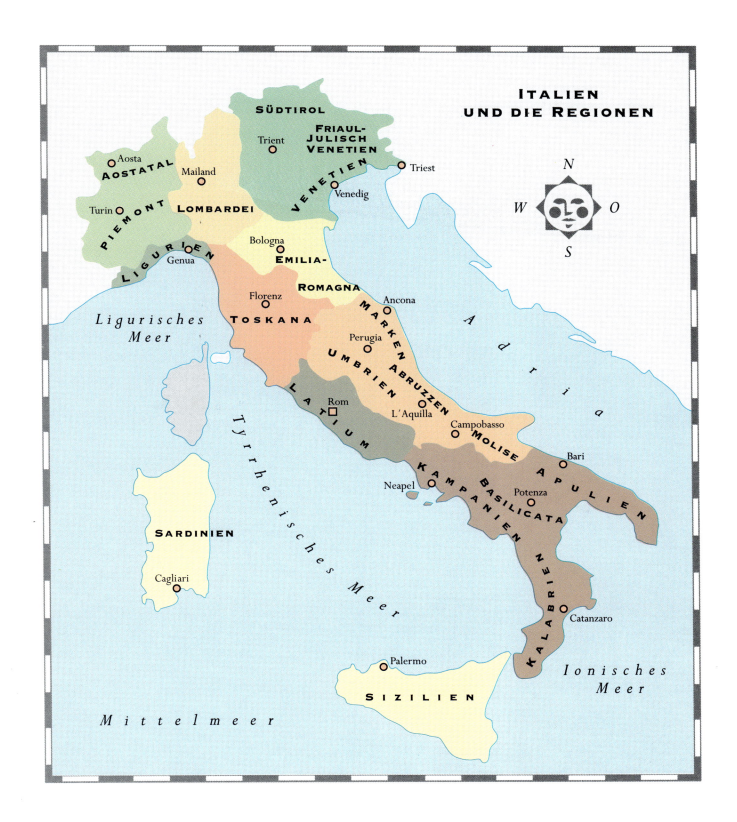

ITALIEN UND DIE REGIONEN

SÜDTIROL

FRIAUL-JULISCH VENETIEN

Trient

AOSTATAL

Aosta

Mailand

VENETIEN

Triest

Venedig

PIEMONT

Turin

LOMBARDEI

LIGURIEN

Genua

Bologna

EMILIA-ROMAGNA

Florenz

TOSKANA

Ligurisches Meer

Ancona

MARKEN

Perugia

UMBRIEN

ABRUZZEN

LATIUM

Rom

L'Aquilla

Campobasso

MOLISE

Bari

APULIEN

KAMPANIEN

Neapel

BASILICATA

Potenza

Adria

Tyrrhenisches Meer

SARDINIEN

Cagliari

KALABRIEN

Catanzaro

Ionisches Meer

Palermo

SIZILIEN

Mittelmeer

N
O
W
S

PIEMONT UND AOSTATAL

*Geheimtips
für edle Genießer*

Piemont und Aostatal

„Piemont ist die Wiege Italiens", sagen seine Bewohner nicht ohne Stolz. Immerhin stammte der erste Herrscher des vereinigten italienischen Königreiches aus dem Piemonteser Fürstenhaus Savoyen. Das blieb nicht ohne Folgen. Deftiges aus der Alpenregion, gewürzt mit einem Hauch höfischer Raffinesse – diese Mischung verspricht Gaumenfreuden und Genuß von unvergleichlicher Güte.

Wo wahre Schätze auf verwöhnte Gaumen warten

Im Schutz der Alpengipfel

Seidiges Herbstlicht verzaubert die kargen, sonst so schroffen Berge. Die Nachmittagssonne taucht die Bergwiesen in ein warmes, mattes Grün. Nur hier und dort durchbricht Kuhglockengeläut die Stille der kleinen Bergdörfchen im Aostatal, einer autonomen Region, die im Osten und Süden an das Piemont grenzt und von so bekannten Alpengipfeln wie Mont Blanc, Matterhorn, Monte Rosa und Gran Paradiso beschützt wird.

Auf den satten Almwiesen rund um die Bergdörfer weiden die Kühe, deren Milch Grundlage für eine der berühmtesten Spezialitäten der Region ist: für den sattgelben, aromatischen Fontinakäse. Noch heute wird der *fontina* aus Rohmilch auf ganz traditionelle Weise hergestellt. Er muß dann 3 bis 5 Monate in gut gelüfteten Felsenkellern reifen, ehe er in Form runder Laibe auf den Markt kommt. Während dieser Reifezeit herrscht in den *cooperative* geschäftiges Treiben. Tag für Tag sind die Bäuerinnen damit beschäftigt, die Fontinalaibe mit Salz einzureiben und sie dann zu wenden. Überall in den typischen kleinen Landgasthöfen duftet es nach dem würzigen Käse.

Zusammen mit knusprigem Brot, das frisch aus dem Holzbackofen kommt, und einem Gläschen *Barbera,* ist er ein derart delikates „Schmankerl", für das sich immer ein kleines Päuschen lohnt.

Fontina ist auch die Hauptzutat für die *fonduta,* eine Art Käsefondue, die nicht nur im Aostatal, sondern in ganz Piemont auf den Speisekarten zu finden ist. Die *fonduta* eignet sich auch als Sauce zu Teigwaren oder zu pikanten Crêpes (Rezept S. 30). Für die edle Variante der *fonduta* wird der geschmolzene *fontina* mit Milch und Eigelb gemischt und dann in eine Schüssel gegossen.

Zum Schluß wird diese köstliche Käsesauce mit einer Schicht hauchdünn gehobelter weißer Trüffel bedeckt.

Das ist aber auch die einzige Raffinesse, die sich die Bergbauern im Aostatal leisten. Ansonsten ist ihre Küche eher einfach und deftig: Brotsuppen oder *polenta* mit Käse, geräucherter Speck und reichlich Butter und Sahne zählen zu den klassischen Zutaten dieser Region.

Ins Land am Fuße der Berge

Vorbei an trutzigen Burgen führt der Weg südöstlich ins Piemont, was wörtlich übersetzt soviel wie

sale im Südosten des Piemont. Das Klima ist mild, die Böden sind fruchtbar, und so wachsen Obst, Gemüse und auch Wein in Hülle und Fülle.

Die Piemonteser essen mit Vorliebe frische Salate und knackiges Gemüse. Dieses tauchen sie in die *bagna cauda* ein, eine pikante warme Sauce aus Butter, Öl, Knoblauch, Wein und Sahne. Unbedingt zugreifen sollte man auch beim *bollito misto*, einem gigantischen Siedfleischtopf, der zusammen mit einer grünen Sauce aus Petersilie, Sardellenfilets und Knoblauch gereicht wird.

Die hervorragenden regionalen Weine, zum Beispiel einen kräftigen *Barbera*, probieren Sie am besten vor Ort in den vielen kleinen Weingütern und Winzergenossenschaften, die es in der Gegend gibt.

Wo edle Tropfen wachsen

Südlich von Asti beginnt das zweite Feinschmeckerparadies des Piemont, die liebliche Hügellandschaft der Langhe. Von hier stammt der berühmteste Wein der Region, der *Barolo*. Der aus den Nebbiolotrauben gekelterte Rotwein mit leichtem Veilchenaroma gehört zu den Spitzenweinen Italiens. Drei

„Land am Fuße der Berge" heißt. Langsam weitet sich das Tal. Wir nähern uns der Poebene. Hier um Vercelli, in der Mitte Piemonts, beginnt das größte Reisanbaugebiet Italiens, das sich bis weit in die Lombardei südlich von Mailand fortsetzt. Reisfelder – so weit das Auge reicht. Und gerade im Frühjahr, wenn die Bauern die Felder überfluten, bietet sich dem Betrachter ein grandioses Landschaftsbild.

In dieser Gegend fehlen Reisgerichte auf keiner Speisekarte. Unser Geheimtip: In einer kleinen *trattoria* in der Nähe von Livorno Ferraris gibt es köstlichen *risotto* aus *Carnarolireis*, der dampfend in einem ausgehöhlten Parmesanlaib serviert wird. Der *patrone* rührt so lange am Laibrand, bis sich der Käse mit dem Reis verbindet. Einfach himmlisch!

Fruchtbares Monferrato

Unzählige gotische Kirchen, romanische Abteien und eine Vielzahl versteckter Burgen prägen das Monferrato, eine liebliche Hügellandschaft zwischen Turin und Ca-

Jahre muß er im Faß reifen, und damit er die Auszeichnung „riserva" bekommt, sogar vier Jahre. Etwas leichter und weicher ist der *Barbaresco,* ebenfalls aus Nebbiolotrauben gekeltert. Die robusten Barberatrauben verarbeitet man zu kräftigen Rotweinen, die ausgesprochen gut zu der ländlichen Küche dieser Region passen. Die bekanntesten sind *Barbera d'Alba, Barbera d'Asti* und *Barbera del Monferrato,* alles übrigens DOC-Weine. Zu den besten Weißweinen des Piemont gehören der *Gavi di Gavi* und der *Cortese di Gavi.* Kenner schwören auf den weißen *Arneis,* oft auch *Nebbiolo bianco* genannt, der aus einer alten Rebsorte stammt, die auf den Roerohügeln nördlich von Alba wächst. Und natürlich darf man die vielen *spumante,* also Schaumweine, nicht vergessen. So zum Beispiel den strohgelben süßen *Asti spumante,* der ja mittlerweile bei uns auch häufig angeboten wird.

Trüffel – das weiße Gold aus dem Piemont

Wahre Gaumenfreuden verspricht ein eher häßlicher, oft unangenehm riechender Pilz, der im Gebiet zwischen Asti und Alba wächst – der Trüffel. Der Pilz mit der unvergleichlichen Würze, der sich gerne unter Eichen, Kastanien und Pappeln versteckt und für den Gourmets oft ein kleines Vermögen bezahlen, wird heute vorwiegend von dressierten Hunden „erschnüffelt". Das berühmte Trüffelschwein hat ausgedient, angeblich soll es einen Großteil seiner Beute selbst verspeist haben …

Das Piemont ist berühmt für seine weißen Trüffeln *(tartufo bianco).* Man hobelt sie über rohes, dünn geschnittenes Fleisch, die *carne cruda,* über Reisgerichte, *taglierini* (sehr dünne Bandnudeln) und über Salate. Zuweilen verfeinert man sogar die *fonduta* damit.

In und um Alba, aber auch in Asti, finden übrigens in der Trüffelsaison, also von September bis in den Januar hinein, kleine Märkte und Versteigerungen statt. Der bekannteste und auch bunteste Markt ist der Trüffelmarkt von Alba im November.

Turin, die Stadt des Wermuts

Wer bei Turin nur an Autoindustrie denkt, bringt sich um einen kulturellen und auch kulinarischen Genuß. Denn das Zentrum der heutigen Hauptstadt des Piemont und der einstigen Residenzstadt ist ein barockes Kleinod: Herrliche Piazze und Paläste, Alleen und Arkaden mit eleganten Geschäften, originellen Bars und Cafés sowie mit einer Fülle von kleinen Restaurants laden zum Verweilen und Probieren ein: So zum Beispiel einen der vielen Wermutweine, denn immerhin ist Turin die Wermutmetropole der Welt.

Ebenso zahlreich sind die appetitanregenden *antipasti.* Aber auch die knusprigen *grissini,* auch Turiner Stängelchen genannt, oder die *gianduia,* die zartschmelzende Haselnuß-Schokoladen-Paste, sollte man sich nicht entgehen lassen. Bekanntlich wissen die Piemonteser, was gut und süß ist. Schließlich gelten sie als die Naschkatzen Italiens …

Piemont und Aostatal

INVOLTINI DI PEPERONI

GEFÜLLTE PAPRIKASCHOTEN

Stammt aus dem Monferrato
(Piemont)
Arbeitsaufwand: ca. 35 Min.
Grillzeit: ca. 30 Min.

Für 4 Personen

Für die Paprikaschoten:
4 sehr große rote oder gelbe
Paprikaschoten
(oder 8 kleine)
1 Dose Thunfisch
(ca. 150 g Abtropfgewicht)
2 hartgekochte Eier
6 EL kaltgepreßtes Olivenöl
1 große Knoblauchzehe
2 EL gehackte Petersilie
Salz, Pfeffer aus der Mühle
einige Salatblätter, z.B. Rucola,
Chicorée, Eichblatt, Lollo Rosso

Für die Sauce:
4 EL kaltgepreßtes Olivenöl
Saft von 1 Zitrone
Salz, Pfeffer aus der Mühle

• Sie können den Thunfisch durch
entgrätete Sardinen aus der Dose
ersetzen.

1• Die Paprikaschoten unter dem Grill rösten, bis die Haut braune Flecken bekommt. Sie in eine Schüssel legen, mit einem Tuch bedecken und etwas abkühlen lassen. Danach die Haut vorsichtig ablösen.

2• Von den Paprikaschoten die Stielansätze entfernen. Sie dann der Länge nach aufschneiden, entkernen und die runden unteren Abschnitte sowie die Spitzen wegschneiden, so daß glatte Rechtecke entstehen.

3• Die Paprikarechtecke zur Weiterverwendung auf einer Arbeitsfläche ausbreiten. Die Abschnitte und Spitzen in sehr kleine Würfel schneiden.

4• Den Thunfisch abgießen, auf ein Brett geben und mit einem großen Messer fein hacken. Die Eier pellen. Die Eigelbe durch ein Sieb in eine Schüssel streichen. Nach und nach das Olivenöl darunterarbeiten, bis eine Paste entsteht.

5• Den Knoblauch schälen und durch die Presse drücken. Die gekochten Eiweiße in sehr kleine Würfel schneiden. Diese zusammen mit der Eigelbpaste, Thunfisch,

Paprikawürfeln, Petersilie, Knoblauch sowie Salz und Pfeffer mischen.

6• Die Masse in einen Spritzbeutel ohne Tülle einfüllen und in Wurstform auf die Paprikarechtecke spritzen. Die Paprikaschoten zu Rollen formen. Die Röllchen mit den gewaschenen Salatblättern auf Tellern anrichten.

7• Für die Sauce das Olivenöl zusammen mit dem Zitronensaft kräftig aufschlagen, bis eine gebundene Sauce entsteht. Diese dann mit Salz und Pfeffer abschmecken. Die Salatblätter damit beträufeln und die restliche Sauce neben die Röllchen gießen.

GETRÄNKETIP

trockener Weißwein,
z.B. Arneis del Roero
oder Gavi
dei Gavi
(1–3jährig)

CARNE CRUDA ALLA PIEMONTESE (CARPACCIO)

MARINIERTES ROHES RINDFLEISCH

Stammt aus dem Piemont
Arbeitsaufwand: ca. 30 Min.

Für 4 Personen

300 g Rinder- oder Kalbsfilet
(vom Mittelstück)
1 Stange Staudensellerie
Salz
2 EL Zitronensaft
4 EL kaltgepreßtes Olivenöl
Pfeffer aus der Mühle
2 EL feingehobelter Grana
Padano (ital. Hartkäse)
oder Parmesan

TIPS

• *Dieses ursprünglich aus dem Piemont stammende Gericht wird heute in verschiedenen Variationen unter der Bezeichnung „Carpaccio" angeboten.*

• *Das Fleisch können Sie sich beim Metzger bereits in Scheiben schneiden lassen.*

1• Das Filet von Haut und Fett befreien und im Tiefkühlgerät leicht anfrieren lassen.

2• Inzwischen die Selleriestange waschen und den zarten Teil in sehr kleine Würfel schneiden. Den Rest für ein anderes Gericht mit Staudensellerie verwenden.

3• Das Salz und den Zitronensaft gut vermischen und dann das Olivenöl unter kräftigem Rühren langsam hinzufügen, bis eine gebundene Sauce entstanden ist.

4• Das angefrorene Fleisch in sehr dünne Scheiben schneiden (am besten mit der Aufschnittmaschine oder aber mit dem elektrischen Messer).

5• Die Fleischscheiben auf flachen Tellern ausbreiten. Sie mit Pfeffer bestreuen. Die Sauce gleichmäßig auf den Fleischscheiben verteilen. Alles mit Klarsichtfolie bedeckt im Kühlschrank ungefähr 30 Minuten durchziehen lassen.

6• Zum Schluß das Ganze mit den Selleriewürfelchen und dem gehobelten Käse bestreuen.

Variation

• Um eine neue Geschmacksvariante zu probieren, geben Sie anstelle des Käses einige feingehobelte weiße Trüffel oder ein wenig Trüffelöl auf die marinierten Fleischscheiben.

GETRÄNKETIP

trockener
Rotwein,
z.B. Dolcetto
d'Alba oder
Barbera d'Alba
(2–3jährig)

Piemont und Aostatal

Stammt aus dem Aostatal
Arbeitsaufwand: ca. 15 Min.
Garzeit: ca. 35 Min.

Für 4 Personen

Für die Polenta (Grundrezept):
750 ml Wasser
Salz
300 g mittelfeiner Maisgrieß

Außerdem:
180 g Fontina (ital. Schnittkäse
aus Rohmilch)
80 g Butter

• *Anstelle von Fontina können Sie*
zur Abwechslung eine Mischung
aus leicht gerösteter Pancetta
(ital. Bauchspeck), Zwiebeln und
Mascarpone oder Rahmgorgonzola
unter die heiße Polenta ziehen.

POLENTA VALDOSTANA

MAISBREI AUS DEM AOSTATAL

1• Das Wasser zusammen mit dem Salz aufkochen. Den Maisgrieß einrieseln lassen und alles unter ständigem Rühren einmal aufkochen. Den Brei dann etwa 30 Minuten bei ganz schwacher Hitze zugedeckt quellen lassen.

2• Währenddessen den Käse in kleine Würfel schneiden.

3• Sobald die Polenta fertig gekocht ist, sie vom Herd wegziehen. Den Fontina und die Butter zur Polenta geben. Alles für einige Mi-nuten bei schwacher Hitze unter den Brei rühren, bis der Käse geschmolzen ist und Fäden zieht.

┌─ **GETRÄNKETIP** ─┐

trockener Rotwein,
z.B. Nebbiolo d'Alba (2–3jährig)
oder die Raritäten Donnaz
oder Enfer d'Arvier (5–6jährig)

POLENTA CON RAGÙ

MAISBREI MIT FLEISCHSAUCE

Stammt aus dem Piemont
Arbeitsaufwand: ca. 30 Min.
Garzeit: ca. 45 Min.

Für 4 Personen

*1 Grundrezept Fleischsauce
(Ragù alla bolognese) (S. 84)
1 Grundrezept Béchamelsauce
(S. 84)*

Für die Polenta:
*300 g mittelfeiner Maisgrieß
750 ml Wasser, Salz*

Außerdem:
*3 EL Butter
50 g geriebener Parmesan*

1• Die Fleischsauce nach der Zubereitungsanweisung (S. 84) zubereiten. Gegen Ende der Kochzeit eine Béchamelsauce zubereiten, wie auf Seite 84 beschrieben.

2• Aus Maisgrieß, Wasser und Salz nach dem Grundrezept (S. 20) eine Polenta zubereiten. Nach der Quellzeit die Polenta in einer rechteckigen Form abkühlen lassen.

3• Den Backofen auf 220°C vorheizen. Die Polenta stürzen und in 1 cm dicke Scheiben schneiden.

4• Den Boden und die Wände einer feuerfesten Form mit der Butter einfetten.

5• Die Polentascheiben schichtweise in die Form geben. Dabei jede Schicht mit der Fleischsauce, der Béchamelsauce und dem Parmesan bedecken.

6• Die Polenta auf der mittleren Schiene des Ofens 10 bis 15 Minuten überbacken, bis der Käse geschmolzen ist und eine leichte Kruste gebildet hat.

GETRÄNKE TIP

*roter Landwein,
z.B. Barbera d'Asti*

AGNOLOTTI ALLA PIEMONTESE

TEIGTASCHEN NACH PIEMONTESER ART

Stammt aus dem Piemont
Arbeitsaufwand: ca. 1 Std.
Ruhezeit des Teiges: ca. 1 Std.
Garzeit: 10–15 Min.

Für 4–6 Personen

Für die Teigtaschen:
1 Grundrezept Nudelteig
(S. 100)

Für die Füllung:
300 g Ricotta (ital. Frischkäse)
$\frac{1}{2}$ Zwiebel
1 EL Butter
300 g gehackter Spinat
(TK-Ware)
2 EL gehackte Petersilie
1 Prise Salbeipulver
2 frische Eier
Salz, Pfeffer aus der Mühle
50 g frisch geriebener Grana
Padano (ital. Hartkäse)
oder Parmesan

Außerdem:
60 g Butter
8 grob gehackte Salbeiblätter
Salz, Pfeffer aus der Mühle
100 g frisch geriebener Grana
Padano (ital. Hartkäse) oder
Parmesan

TIPS

• *Die Agnolotti können Sie auch mit anderen Zutaten füllen, zum Beispiel mit Kalbfleisch, rohem Schinken und weißen Trüffeln. Ganz apart schmeckt die Füllung mit Rindfleisch, Wurst, Pancetta, Wirsing und weißen Trüffeln.*

• *Mit flüssiger Butter begossen und mit gehobelten weißen Trüffeln bestreut, werden die Agnolotti zu einer edlen Delikatesse.*

1• Für die Teigtaschen einen Nudelteig nach der Zubereitungsanweisung (S. 100) herstellen und bis zur Weiterverarbeitung kühl stellen. Den Ricotta in ein Küchentuch geben und gut ausdrücken.

2• Die Zwiebel schälen, fein würfeln und in der Butter 2 bis 3 Minuten dünsten. Den gut ausgedrückten Spinat feinhacken und dazugeben. Unter Wenden dünsten, bis alle Flüssigkeit verdunstet ist. Anschließend die Petersilie ganz kurz mitdünsten und die Masse dann erkalten lassen.

3• Unter die Gemüsemasse den Ricotta, das Salbeipulver sowie die Eier mischen und alles mit Salz und Pfeffer würzen. Nun den geriebenen Käse unterheben.

4• Den Teig mit der Nudelmaschine oder mit dem Nudelholz so dünn wie möglich ausrollen. Mit Hilfe eines Ausstechförmchens aus dem Teig Kreise von etwa 6 cm ø ausstechen.

5• Auf die Hälfte der Teigkreise die Füllung verteilen. Dazu jeweils einen Teelöffel der Füllung in die Mitte der Kreise geben. Die Teigränder mit Wasser befeuchten, die restlichen Teigkreise darauf legen und die Ränder gut andrücken, damit die Füllung nicht herausläuft.

6• Die Teigtaschen in reichlich kochendem Salzwasser oder in Brühe (wenn sie ohne Sauce serviert werden sollen) in 2 bis 3 Minuten knapp weich kochen.

7• Die Agnolotti in Suppenteller geben. Die Butter zusammen mit den Salbeiblättern aufschäumen lassen, salzen, pfeffern und auf die Agnolotti träufeln.

8• Nach Belieben mit Grana Padano oder Parmesan bestreuen.

GETRÄNKETIP

trockener Rotwein,
z.B. Grignolino d'Asti
(1–3jährig)

VITELLO TONNATO

KALTES KALBFLEISCH MIT THUNFISCHSAUCE

Stammt aus dem Piemont
Arbeitsaufwand: ca. 35 Min.
Garzeit: 45–60 Min.
Marinierzeit: 1–2 Tage

Für 6 Personen

Für das Kalbfleisch:
1 Karotte
$^1/_2$ Stange Staudensellerie
800 g Kalbsnuß
1 Knoblauchzehe
1 mit 1 Lorbeerblatt und
1 Gewürznelke gespickte Zwiebel
$^1/_2$ l Weißwein
1 EL Weißweinessig
$^1/_4$ l Wasser
Salz, Pfeffer aus der Mühle

Für die Sauce:
1 Dose Thunfisch ohne Öl
(150 g Abtropfgewicht)
2 Sardellenfilets (aus dem Glas)
Saft von $^1/_2$ Zitrone
100 g Mayonnaise

Außerdem:
1 EL Kapern
einige Cornichons
2 hartgekochte Eier
6 Cherrytomaten
1 Zitrone

1• Die Karotte und den Sellerie putzen und waschen. Die Karotte ebenso wie die Knoblauchzehe schälen. Diese 3 Zutaten zusammen mit dem Kalbfleisch und der gespickten Zwiebel in einen Topf geben. Den Weißwein, den Essig und das Wasser angießen, mit Salz und Pfeffer würzen und nun das

Fleisch langsam kochen. Es sollte in $^3/_4$ bis 1 Stunde gar, aber noch fest sein. Das Fleisch während der Garzeit unbedingt beaufsichtigen, damit es nicht zerfällt. Es dann im Sud erkalten lassen.

2• Für die Sauce den Thunfisch abtropfen lassen, mit einer Gabel zerpflücken und zusammen mit den zuvor abgetropften Sardellen und 50 ml des Fleischsuds im Mixer pürieren.

3• Den Zitronensaft, $^1/_8$ l Fleischsud und die Mayonnaise gut verrühren und mit der Thunfischmasse mischen. Die Sauce darf nicht dick, soll aber sämig sein.

4• Das kalte Fleisch aus dem Sud nehmen und in dünne Scheiben schneiden. Die Stücke wieder zu der ursprünglichen Form zusammensetzen und in ein hohes Gefäß geben. Das Fleisch mit der Thunfischsauce begießen und 1 bis 2 Tage im Kühlschrank ruhen lassen.

5• Vor dem Servieren die Eier pellen und die Zitrone waschen. Beides in Scheiben schneiden. Das Fleisch kranzförmig auf 4 runden oder ovalen Tellern anrichten und mit der Sauce begießen. Abschließend jede Portion mit Kapern, Cornichons, Eischeiben, Cherrytomaten und Zitronenscheiben garnieren.

TIP
• Sie können auf die gleiche Art auch Putenbrust zubereiten. Die Garzeit ist bei dieser Fleischsorte kürzer, so daß die Putenbrust in 35 bis 40 Minuten gar ist.

GETRÄNKETIP

trockener Weißwein,
z.B. Gavi oder
Arneis del Roero
(1–2jährig)

BUE AL CUCCHIAIO

RINDERSCHMORBRATEN IN BAROLO

Stammt aus dem Piemont
Arbeitsaufwand: ca. 35 Min.
Marinierzeit: ca. 12 Std.
Schmorzeit: 2 1/2 – 3 Std.

Für 4 Personen

Für die Marinade:
2 kg Rinderbug (Schulter)
2 Karotten
1/2 Stange Staudensellerie
mit Blättern
2 Knoblauchzehen
1 TL Pfefferkörner
10 Wacholderbeeren
1 mit 2 Gewürznelken gespickte
Zwiebel
1/2 Zimtstange
1 Prise Zucker
3 Lorbeerblätter
1 Zweig Thymian
2–3 Salbeiblätter
1 Zweig Estragon
etwas Majoran und Bohnenkraut
3/4 l Barolo (ital. Rotwein)
3 EL Marsala (ital. Dessertwein)
Salz, Pfeffer aus der Mühle

Außerdem:
4 EL Olivenöl
2 EL Butterschmalz
100 g Pancetta (ital. Bauch-
speck) oder Schinkenspeck
Mehl zum Bestäuben
2 EL Cognac
2–3 Petersilienzweige
etwas Salz

1• Das Fleisch zum Marinieren in eine recht große Schüssel legen.

2• Das Gemüse putzen, waschen und zerkleinern. Dabei die Karotte in Scheiben schneiden und den Sellerie grob würfeln. Die Knoblauchzehen schälen und ebenso wie die Pfefferkörner und die Wacholderbeeren grob zerdrücken.

3• Die Gemüsestücke und die Gewürze zusammen mit der gespickten Zwiebel, der Zimtstange, dem Zucker und den gewaschenen Kräutern zum Fleisch geben. Alles mit Barolo und Marsala begießen und für etwa 12 Stunden im Kühlschrank ruhen lassen. Währenddessen das Fleisch ab und zu wenden.

4• Das Fleisch aus der Marinade nehmen, mit Küchenpapier trockentupfen, salzen und pfeffern. Die Marinade durch ein Sieb gießen und die Flüssigkeit auffangen.

5• Das Gemüse und die Kräuter im Sieb gut abtropfen lassen und alles in Olivenöl und Butterschmalz andünsten.

6• Die Pancetta oder den Schinkenspeck in feine Würfel schneiden. Das Mehl durch ein kleines Sieb auf das Fleisch stäuben und zusammen mit dem Speck zum Gemüse geben. Unter Wenden leicht anbraten und mit dem Cognac ablöschen.

7• Die Marinade über das Fleisch gießen. Die gewaschenen Petersilienzweige und wenig Salz dazugeben. Das Fleisch zugedeckt 2 1/2 bis 3 Stunden bei schwacher Hitze auf dem Herd oder im Ofen bei 140°C schmoren lassen.

8• Nach Ende der Schmorzeit prüfen, ob das Fleisch weich ist. Man sollte es mit einem Löffel essen können, deshalb der italienische Name des Bratens.

9• Den Braten und die Lorbeerblätter aus der Sauce nehmen. Diese durch ein Sieb streichen oder im Mixer pürieren.

10• Den Braten in Scheiben schneiden. Die Sauce mit Salz und Pfeffer abschmecken und über das Fleisch gießen.

TIPS

• *Sie können das Fleisch besser schneiden, wenn es ein wenig abgekühlt ist. In diesem Fall die Scheiben in der Sauce vorsichtig wieder erwärmen.*

• *In manchen Dörfern im Piemont wird dieser Braten auch mit Barbera d'Asti oder d'Alba, den hervorragenden Rotweinen aus der Gegend um Asti und Alba, zubereitet.*

• *Eine Polenta paßt am besten zu diesem Schmorgericht. Beliebt ist auch Kartoffelpüree.*

GETRÄNKETIP

Dazu paßt der Wein, der für die Zubereitung gewählt wurde, aber eventuell ein älterer Jahrgang.

BAGNA CAUDA

GEMÜSEFONDUE

Stammt aus dem Piemont
Arbeitsaufwand: ca. 45 Min.
Marinierzeit: 2–3 Std.
Garzeit: 25–30 Min.

Für 4 Personen

Für die Sauce:
4 Knoblauchzehen
6 EL Milch
6 Sardellenfilets (aus dem Glas)
6 EL Olivenöl
100 g Butter
Salz

Zum Eintauchen:
ca. 1,5 kg Gemüse
(z.B. Paprikaschoten,
Champignons, Brokkoli- oder
Blumenkohlröschen, Stauden-
sellerie, grüne Bohnen,
Karotten, Radicchio rosso
oder junge Fenchelknollen)

TIPS

• Im Piemont serviert man in der Regel nur rote Paprikaschoten und Karden, eine Artischockenart, zu dieser Sauce. Im Winter gibt man der Bagna cauda geraffelte weiße Trüffel und etwas Rahm hinzu.

• Und hier noch ein Geheimtip: Bereiten Sie etwas mehr Bagna cauda zu, und braten Sie am nächsten Tag darin dünne Scheiben von Rinderfilet, am besten in kleinen Eierpfännchen, in denen Sie das Fleisch noch brutzelnd zu Tisch bringen können.

1• Die Knoblauchzehen schälen, fein würfeln und in eine Schale geben. Mit der Milch begießen und für 2 bis 3 Stunden marinieren.

2• Die Sardellenfilets fein schneiden und im Mörser zerdrücken.

3• Das Öl und die Butter in einem feuerfesten Topf (aus Tonerde) oder in einem Fonduetopf erhitzen. Die Sardellen hineingeben und alles unter Rühren bei kleiner Hitze zu einem Mus kochen.

4• Den Knoblauch gut abtropfen lassen, zum Mus geben und für weitere 15 bis 20 Minuten unter gelegentlichem Rühren garen. Die Sauce anschließend mit Salz abschmecken.

5• Nach der Hälfte der Kochzeit den Topf auf ein Rechaud stellen und die Sauce bei kleinster Hitze weitergaren.

6• Das Gemüse putzen, waschen und schälen. Es je nach Sorte in mundgerechte Stücke, Würfel oder Stifte schneiden. Feste Gemüsesorten, wie Blumenkohl oder Bohnen, müssen kurz mit kochendem Wasser überbrüht werden.

7• Die Gemüsestücke auf einer Platte anrichten. Das Rechaud zusammen mit dem Topf in die Mitte des Eßtisches stellen.

8• Nun steckt jeder Tischgast nach Belieben Gemüsestücke auf eine Fonduegabel und wendet sie für kurze Zeit in der heißen Sauce. Achtung! Die Gabel ist sehr heiß und darf nicht direkt zum Mund geführt werden.

GETRÄNKETIP

roter Landwein,
z.B. Freisa d'Asti oder
Barbera d'Asti (1–3jährig);
leicht kühl servieren

CRESPELLE CON FONDUTA

CRÊPES MIT KÄSESAUCE

Stammt aus dem Aostatal
Arbeitsaufwand: ca. 50 Min.
Ruhezeit für die Käsesauce:
6–12 Std.
Ruhezeit des Teiges: ca. 30 Min.

Für 4 Personen

Für die Käsesauce (Fonduta):
200 g Fontina (ital. Schnittkäse)
100 ml Milch
2–3 EL Butter
2 frische Eigelbe
weißer Pfeffer aus der Mühle

Für die Crêpes:
80 g Mehl
1/4 l Milch
3 frische große Eier
3 EL gehackte Kräuter
(z.B. Kerbel, Petersilie,
Schnittlauch)
Salz
weißer Pfeffer aus der Mühle
3 EL Butterschmalz

Für die Füllung:
400 g Blattspinat
200 g Feldchampignons
1 EL Butterschmalz
200 g Sahne

TIP

• *Die* **Fonduta** *kann man auch als pikante* **Füllung** *für Ravioli oder als* **Sauce** *zu Polenta oder Teigwaren verwenden.*

1• Den Käse in kleine Stücke schneiden und in einen Topf geben. Diese mit der Milch übergießen und für etwa 6 Stunden oder über Nacht kühl stellen.

2• Für die Crêpes das Mehl mit der Milch glattrühren. Die Eier verquirlen, zusammen mit den Kräutern hinzufügen und den Teig mit Salz und Pfeffer würzen. Ihn anschließend etwa 30 Minuten ruhen lassen.

3• Inzwischen den Spinat sorgfältig verlesen, gut waschen und kleinschneiden. Die Champignons vorsichtig abreiben und in dünne Scheiben schneiden. Beides in 1 Eßlöffel Butterschmalz dünsten.

4• Die Sahne in einen kleinen Topf geben und bis zur Hälfte einkochen lassen, damit sie sämig wird.

5• Nun die Champignons und den Spinat mit der Sahne mischen und mit Salz und Pfeffer abschmecken.

6• Aus dem Teig in dem Butterschmalz nacheinander 8 kleine Crêpes backen. Fertiggebackene Crêpes zugedeckt im Backofen warmhalten.

7• Die Spinat-Champignon-Masse portionsweise jeweils in die Mitte einer Crêpe geben und darauf verstreichen. Die gefüllten Crêpes zusammenrollen, in eine vorgewärmte Form legen und warmhalten.

8• Für die Fonduta den Topf mit dem Fontina und der Milch in ein warmes Wasserbad stellen und die Butter in kleinen Stücken dazugeben. Alles unter ständigem Rühren zu einer glatten Creme schmelzen lassen. Dann nach und nach die Eigelbe darunterrühren und die Sauce mit Pfeffer abschmecken.

9• Die Crêpes mit der Fonduta begießen und sofort servieren.

GETRÄNKETIP

trockener Rotwein, z.B. Ruchè de Castagnole Monferrato (3–5jährig)

Variationen

• Die Fonduta, die typische Käsesauce aus dem Aostatal, läßt sich für Käsefondue verwenden. Dazu bereiten Sie die doppelte Menge des hier beschriebenen Rezeptes und geben die warme Sauce in vorgewärmte Teller. Reichen Sie dazu in Butter geröstete Brotwürfel.

• Sie können die Crêpes auch nur mit geriebenem Fontina bestreuen und kurz überbacken, bis der Käse schmilzt.

TORTA SBRISULONA

ITALIENISCHE MANDEL-MAIS-TORTE

*Stammt allgemein aus
Norditalien
Arbeitsaufwand: ca. 25 Min.
Backzeit: 35–40 Min.*

**Für eine Springform
(26 cm ø)**

*150 g gemahlene Mandeln
oder Haselnüsse
150 g feiner Maisgrieß
50 g Mehl
100 g Zucker
2 Prisen Salz
1 TL abgeriebene unbehandelte
Zitronenschale
1 TL Vanillezucker
200 g weiche Butter
(Zimmertemperatur)
1 frisches Eigelb
1 frisches Ei
2 EL Butter für die Form
1–2 EL Mehl für die Form
2–3 EL Puderzucker*

TIPS

• *Die Torta sbrisulona läßt sich
einige Tage aufbewahren.*

• *Je nach Gegend variiert die Zu-
sammensetzung dieser Torte. In der
Lombardei wird beispielsweise kein
Maisgrieß, aber dafür mehr Mehl
verwendet.*

1• Die gemahlenen Mandeln oder
Haselnüsse in einer Pfanne unter
ständigem Wenden bei mittlerer
Hitze hellgelb rösten.

2• Den Maisgrieß mit Mehl,
Zucker, gerösteten Mandeln oder
Haselnüssen, Salz, Zitronenschale
und Vanillezucker in einer Teigschüssel gut mischen.

3• In der Mitte der Schüssel eine
Mulde bilden und die weiche Butter in Flöckchen hineingeben.

4• Alle Zutaten zwischen den Fin-
gern zerreiben, bis gleichmäßige
Krümel entstehen.

5• Das Eigelb und das ganze Ei
miteinander verrühren, zur Masse
geben und alles rasch zu einem Teig
verarbeiten.

6• Den Backofen auf 180°C vorheizen. Die Springform großzügig
mit der Butter einfetten und leicht
mit Mehl bestäuben. Das überschüssige Mehl abschütteln.

7• Den Teig in die Form geben und
mit der Hand gleichmäßig glatt-
drücken. Die Torte auf der mittleren Schiene in 35 bis 40 Minuten
hellbraun backen.

8• Die gebackene Torte vorsichtig
auf ein Gitter stürzen und mit einem Küchentuch abdecken.

9• Die Mandel-Mais-Torte nach
dem Erkalten mit dem Puderzucker bestäuben und mit einem
scharfen Brotmesser in Stücke
schneiden.

GETRÄNKETIP

*süßer Dessertwein,
z.B. Vinsanto
(aus der Toskana)
oder Torcolato aus Venetien*

LOMBARDEI

Käse und Reis als Krönung
höchster Kochkunst

Lombardei

Die **Lombarden** essen gerne und gut. Das war schon im Jahre 1368 so, als ein Gast die lombardische Fürstenfamilie Visconti als *„magni commestore"* (große Fresser) bezeichnete. Ihm wurde auf der Hochzeit zwischen Violante Visconti und dem Herzog von Chiarrenza ein Menü mit 50 Gängen serviert. Und an der Liebe zum Essen hat sich auch bis heute nichts geändert.

ALLES, WAS GENIESSER- HERZEN HÖHER SCHLAGEN LÄSST

Mailand – die Stadt mit dem mondänen Flair

Unsere kulinarische Rundreise führt uns nun ins Land der Alpen, Seen und Flüsse, in die Lombardei. Beginnen wir dort, wo es die elegantesten Boutiquen gibt, und eines der bekanntesten Opernhäuser der Welt, die Scala, steht – in Mailand.

Doch das ist nur das eine Gesicht der reichsten Stadt Italiens. Das andere sind malerische Innenhöfe, die zweitgrößte Kirche der Christenheit, der prächtige Dom Santa Maria Nascente, und eine Fülle schlichter Bars und gemütlicher Schlemmerstuben.

In ihnen lassen sich all die Spezialitäten der neun lombardischen Provinzen, aber auch typische Mailänder Gerichte probieren. Und die sind reichhaltig und sehr gut: so zum Beispiel die *salame milanese,* die grobe, saftige Mailänder Salami, und natürlich die bekannte *costoletta alla milanese,* das panierte, in Butter gebratene Kalbskotelett.

Typisch sind aber auch deftige Schmortöpfe wie *ossobuco,* geschmorte Kalbshaxe, die mit einer Mischung aus Zitronenschale,

Knoblauch, Rosmarin, Salbei und Petersilie abgeschmeckt wird. Und was wäre Mailand ohne die *panettone,* ein Hefekuchen mit Rosinen und Zitronat?

Keine Mahlzeit ohne Käse

Vorbei an den unendlich vielen Kanälen und weiten Weizen- und Maisfeldern geht es weiter nach Pavia, der südlichsten Provinzstadt der Lombardei. Das idyllische Kunststädtchen ist die Heimat der *zuppa alla pavese* (Rezept S. 40), einer Bouillon, auf der eine kleine Scheibe Toastbrot mit einem pochierten Ei schwimmt, das mit Parmesankäse bestreut ist.

Apropos Käse. In der Lombardei wird jede Mahlzeit mit einem Stück Käse beendet. Zu den bekanntesten Käsesorten gehören der gelbe, sahnige *bel paese,* der zarte und cremige Frischkäse *mascarpone* und der Edelpilzkäse *gorgonzola.*

Gorgonzola, der aus der gleichnamigen Stadt nordöstlich von Mailand stammt, wird ausschließlich aus ungekochter Kuhmilch zubereitet, die mit Kalbslab zum Gerinnen ge-

bracht wird. Anschließend wird der Käse mit Schimmelpilzen geimpft, wodurch er die charakteristischen grünen Pilzadern bekommt.

Im Land der Reisgerichte

Gemächlich schlängelt sich der Po durch die ausgedehnte, fruchtbare Landschaft mit ihren typischen Pappeln und Kirchtürmen. Auf dem Weg nach Cremona fast das gleiche Bild wie am Po im benachbarten Piemont: Reisfeld an Reisfeld. Kein Wunder also, daß auch hier in der Lombardei der Reis – oder noch besser der *risotto* (Rezepte S. 41 und 42) – zu den wichtigsten Nahrungsmitteln gehört.

Fast genauso beliebt wie der *risotto* ist die *polenta,* ein mit Maisgrieß zubereiteter Getreidebrei. *Polenta* wird in fast allen Gegenden Italiens gekocht, doch besonders hier im norditalienischen Raum verdrängt sie oft die sonst dominierende *pasta* vom Speisezettel.

Deftige, zünftige Bergkost

Wer gerne deftig und herzhaft ißt, kommt in der Valtellina (Veltlin), einer der herrlichsten Wandergegenden und berühmtesten Skiregionen im Nordosten der Lombardei, garantiert voll auf seine Kosten.

Unbedingt probieren sollten Sie die *bresaola,* gesalzenes und geräuchertes Rinderfilet, sowie *nervitti in insalata,* feine Streifen von gekochten Kalbsfüßen, die mit Öl, Salz, Zwiebeln und Kapern ange-

macht werden. Daß man danach einen *grappa* als „Verteiler" braucht, versteht sich fast von selbst …

Wo Palmen und Zitronen blühen

Fast nur noch einen Katzensprung von der Valtellina entfernt, liegen die oberitalienischen Seen. Zu der Lombardei gehören der Lago d'Iseo, der Lago d'Idro, der Lago di Varese, das Ostufer des Lago Maggiore, das Westufer des Gardasees sowie der Lago di Como. Prunkvolle Herrenhäuser, inmitten von Palmen, Zypressen, Zitronen- und Olivenbäumchen, säumen die Ufer.

Kleine *alberghi,* oft direkt am See gelegen, bieten ihre Spezialitäten an: Felchen, die in Marinade eingelegt und dann in Butter gebraten oder in Weinsauce pochiert werden, oder gar das rustikale, sehr schmackhafte *rosticciata,* das ist feingeschnittenes Schweinefilet mit Wursträdchen und vielen in Butter gerösteten Zwiebeln.

Genießen Sie in aller Ruhe eines dieser vorzüglichen Gerichte der Region. Den Sonnenuntergang am See gibt's gratis dazu. Und der wird mit Sicherheit unvergeßlich sein …

MINESTRONE ALLA MILANESE

GEMÜSESUPPE NACH MAILÄNDER ART

Stammt aus der Lombardei
Arbeitsaufwand: ca. 1 Std.
Garzeit: ca. 1³/₄ Std.

Für 4 Personen

150 g dicke grüne Bohnen
(mit Hülsen)
300 g Erbsen (mit Hülsen)
1 mittelgroße Zwiebel
1 Stange Lauch
2 Stangen Staudensellerie
200 g Karotten
200–250 g Zucchini
200 g Kartoffeln
200 g Wirsing
100 g Blattmangold
(Schnittmangold)
50 g magere Pancetta (ital.
Bauchspeck) oder magerer Speck
2–3 EL Butter
ca. 200 g geschälte Tomaten
(aus der Dose)
Salz
2 l Wasser
200 g Rundkornreis
(z.B. Vialone)
1 Knoblauchzehe
1 EL gehackte Petersilie
1 EL gehacktes Basilikum
5 EL frischgeriebener Parmesan

1• Die Bohnen und die Erbsen enthülsen. Die Bohnen kurz überbrühen und die Häutchen abstreifen. Dann das restliche Gemüse putzen oder verlesen, waschen, eventuell schälen und dann zerkleinern.

2• Dabei die Zwiebel in kleine Würfel und den Lauch in dünne Scheiben schneiden. Den Sellerie, die Karotten, die Zucchini und die Kartoffeln in gleichgroße Stücke schneiden.

3• Den Wirsing und den Mangold entblättern und dann die Blätter in große Stücke zerteilen, die Mangoldstiele kleinschneiden.

4• Die Pancetta zunächst in dünne Scheiben schneiden und dann fein würfeln.

5• Die Butter in einem großen Kochtopf erhitzen und die Pancettawürfelchen darin andünsten. Nun die Zwiebel und den Lauch dazugeben und unter gelegentlichem Rühren mitdünsten.

6• Die Bohnen und die Erbsen sowie das restliche zerkleinerte Gemüse und die Tomaten in den Topf geben, alles salzen und für etwa 5 Minuten dünsten. Dabei das Ganze ab und zu umrühren.

7• Nun 2 l Wasser dazugießen, alles aufkochen und anschließend bei schwacher Hitze zugedeckt etwa 1 Stunde ziehen lassen.

8• Danach die Suppe aufkochen lassen, den Reis dazugeben und einmal kräftig umrühren. Sobald die Suppe wieder kocht, die Hitze reduzieren. Unter gelegentlichem Rühren den Reis in 15 bis 20 Minuten knapp gar kochen.

9• Den Knoblauch schälen, in kleine Würfel schneiden und zusammen mit den Kräutern auf die Minestrone streuen. Den Parmesan nach Belieben dazugeben.

Variation

• Der Mangold läßt sich durch Spinat ersetzen. Je nach Jahreszeit können Sie auch einmal Spargelspitzen, Zucchini, Kürbis oder in 2 bis 3 Stücke zerteilte Zucchiniblüten mitkochen. In diesem Fall sollten Sie die Menge der übrigen Gemüsesorten reduzieren.

┌─ **GETRÄNKETIP** ─

trockener Rotwein,
z.B. Oltrepò Pavese
rosso oder
Franciacorta Rosso
(3–5jährig)

Lombardei

Stammt aus der Lombardei
Arbeitsaufwand: ca. 5 Min.
Garzeit: ca. 5 Min.

Für 4 Personen

800 ml Rindfleisch-
oder Hühnerbrühe
4 EL Butter
4 dünne Scheiben Weißbrot
4 EL frischgeriebener
Parmesan
4 sehr frische Eier

ZUPPA ALLA PAVESE

FLEISCHBRÜHE
NACH ART VON PAVIA

1• Die Fleischbrühe erhitzen. In der Zwischenzeit die Butter schmelzen und aufschäumen lassen. Die Brotscheiben hineinlegen und beide Seiten rösten, bis sie leicht gebräunt sind.

2• Die gerösteten Brotscheiben mit einer Gabel herausheben, in 4 Suppenteller geben und mit dem Parmesan bestreuen.

3• Je ein rohes Ei auf eine mit Käse bestreute Brotscheibe geben.

4• Die heiße Fleischbrühe vorsichtig darübergießen.

TIPS

• Sie können zu dieser Suppe nach Belieben zusätzlich Parmesan servieren.

• Falls Sie die Eier mehr durchgekocht wünschen, pochieren Sie sie separat.

GETRÄNKETIP

trockener Rosé,
z.B. Bardolino
Chiaretto
(1–2jährig)

Stammt allgemein aus Italien
Arbeitsaufwand: ca. 15 Min.
Garzeit: ca. 30 Min.
Zeit zum Abkühlen: ca. 1 Std.

Für 4 Personen

Für den Risotto (Grundrezept):
1 große Zwiebel
300 g Rundkornreis
(z.B. Carnaroli)
3 EL Butter
200 ml Weißwein
800 ml Fleischbrühe
Salz, Pfeffer aus der Mühle

Außerdem:
3 EL Olivenöl, 2 EL Butter
1 TL Oregano
100 g geriebener Parmesan

RISOTTO AL SALTO

GESTÜRZTER RISOTTO

1• Die Zwiebel schälen, in kleine Würfel schneiden und mit dem Reis in der Butter 2 bis 3 Minuten dünsten. Inzwischen die Fleischbrühe erhitzen.

2• Nun den Reis mit dem Wein ablöschen. Sobald dieser etwas eingekocht ist, die heiße Brühe nach und nach dazugießen. Der Reis sollte immer knapp mit Flüssigkeit bedeckt sein. Den Risotto 15 bis 20 Minuten bei milder Hitze im offenen Topf unter ständigem Rühren garen (so wird er besonders würzig und cremig), zum Schluß mit Salz und Pfeffer würzen.

3• Den Risotto zum Abkühlen für etwa 1 Stunde beiseite stellen.

4• Das Öl in einer großen, beschichteten Pfanne erhitzen und die Butter darin schmelzen lassen. Den kalten Risotto mit etwas Oregano mischen, in der Pfanne flachdrücken. Bei mittlerer Hitze goldgelb und knusprig braten. Ihn dann im Flug (al salto) oder weniger riskant, mit einem großen Teller als Deckel, wenden. Die andere Seite ebenfalls knusprig braten. Den Risotto zusammen mit dem Parmesan servieren.

Variation

• Geben Sie 1 Döschen Safranpulver beim Garen an den Risotto, dann erhalten Sie den „Risotto alla milanese". Dieser wird nicht mehr in der Pfanne gebraten.

Lombardei

RISOTTO CON IMPANATE DI SALMONE

GORGONZOLARISOTTO MIT LACHS

Stammt aus der Lombardei
Arbeitsaufwand: ca. 30 Min.
Garzeit: ca. 30 Min.

Für 4 Personen

ca. 700 g Lachsfilet
Meersalz
Pfeffer aus der Mühle
2 EL Zitronensaft
4 EL Olivenöl
50 g Zwiebeln
1 Knoblauchzehe
250 g Rundkornreis
(z.B. Vialone oder Carnaroli)
2 Salbeiblätter
etwas Oregano
6 EL Weißwein
200 g Gorgonzola
500–600 ml Hühnerbrühe
2 EL Mehl
2 frische Eier
50 g Butter

1• Aus dem Lachsfilet 12 kleine Schnitzel schneiden. Diese mit Meersalz und Pfeffer bestreuen, mit Zitronensaft und 1 Eßlöffel Olivenöl beträufeln.

2• Die Zwiebeln schälen und fein würfeln. Den Knoblauch ebenfalls schälen und zerdrücken. Beides in 1 Eßlöffel Olivenöl andünsten. Den Reis, die Salbeiblätter und wenig Oregano dazugeben.

5• Die Lachsschnitzel mit wenig Mehl bestäuben und in den aufgeschlagenen Eiern wenden.

6• Die restlichen 2 Eßlöffel Olivenöl in eine heiße Bratpfanne geben und die Schnitzel beidseitig kräftig anbraten.

7• Die restlichen Gorgonzolawürfel und die Butter unter den Risotto ziehen. Die gebratenen Lachsschnitzel auf dem Gorgonzolarisotto anrichten.

TIP
• *Sollten Sie den Gorgonzolageschmack nicht sehr lieben, können Sie den Gorgonzola durch etwa 150 g kleingewürfelten Fontina ersetzen oder 3 bis 4 Eßlöffel Mascarpone mit gehackten Kräutern unter den Reis heben.*

3• Den Reis glasig dünsten und mit dem Weißwein ablöschen. Den Gorgonzola in Würfel schneiden. Davon etwa zwei Drittel zum Reis geben und vorsichtig verrühren.

4• Den Risotto nun bei milder Hitze im offenen Topf etwa 16 Minuten garen. Dabei die Brühe nach und nach dazugießen. Der Reis muß fast alle Flüssigkeit aufgesaugt haben und „al dente" gekocht sein.

GETRÄNKETIP

trockener Weißwein, z.B. Franciacorta Bianco oder Chardonnay (2–3jährig)

Lombardei

MALFATTI AL POMODORO

SPINAT-KÄSE-GNOCCHI MIT TOMATEN

Stammt aus der Lombardei
Arbeitsaufwand: ca. 1 Std.
Garzeit: ca. 30 Min.

Für 4 Personen

Für die Gnocchi:
700 g Blattspinat
Salz
150 g Ricotta (ital. Frischkäse)
oder Speisequark
3 frische Eigelbe
60 g Mehl
Pfeffer aus der Mühle
3 EL Butter

Für die Tomaten:
8 mittelgroße Tomaten
1/2 kleine Zwiebel
2 EL Butter
Salz, Pfeffer aus der Mühle
60 g Parmesan

1• Den Spinat sorgfältig waschen und verlesen. Ihn in kochendem Salzwasser kurz blanchieren und sofort mit kaltem Wasser abschrecken. Den Spinat in einem Sieb abtropfen lassen, gut ausdrücken und dann fein hacken.

2• Den Ricotta durch ein feinmaschiges Sieb streichen. Die Eigelbe dazugeben. Etwa 4 Eßlöffel Mehl darauf sieben und die Mischung glattrühren.

3• Den Spinat daruntermischen und alles mit Salz, Pfeffer und Muskat abschmecken. In einem großen Topf reichlich Salzwasser zum Kochen bringen.

4• Aus der Spinatmasse mit Hilfe von 2 Eßlöffeln kleine Portionen abstechen und mit befeuchteten Händen zu ovalen Klößchen formen. Diese nun in das siedende Salzwasser geben und die Hitze reduzieren. Die Gnocchi etwa 10 Minuten ziehen lassen, bis sie aufschwimmen. Sie danach mit Hilfe eines Schaumlöffels aus dem Wasser heben und auf einem Küchentuch aus Stoff abtropfen lassen.

5• Die Tomaten waschen, vierteln oder sechsteln und entkernen. Die Zwiebel schälen und fein würfeln. Sie dann in der Butter glasig dünsten. Anschließend die Tomaten dazugeben. Alles salzen, pfeffern und langsam bei schwacher Hitze erwärmen. Den Grill des Backofens einschalten.

6• Den Parmesan in feine Streifen hobeln. Die Gnocchi in eine große Gratinform geben und mit dem Käse bestreuen. Die Butter in Flöckchen auf den Käse geben und die Gnocchi unter dem Grill etwa 2 Minuten gratinieren.

7• Die Gnocchi in der Gratinform servieren und die Tomaten dazu reichen.

GETRÄNKETIP

roter Landwein, z.B. Sangiovese di Romagna (2–3jährig)

Stammt aus der Lombardei
Arbeitsaufwand: ca. 30 Min.
Garzeit: ca. 15 Min.

Für 4 Personen

250 g frische Steinpilze
3 mittelgroße, geschälte
Tomaten (aus der Dose)
8 frische Eier
8 EL Sahne oder Milch
Salz, Pfeffer aus der Mühle
2 EL gehackte Petersilie
1 Knoblauchzehe
1¹/₂ EL Butterschmalz
1¹/₂ EL Butter

GETRÄNKETIP

trockener Weißwein,
z.B. Franciacorta Bianco
(1–3jährig)

UOVA STRAPAZZATE CON FUNGHI PORCINI

RÜHREI MIT STEINPILZEN UND TOMATEN

1• Die Steinpilze putzen und in feine Streifen schneiden.

2• Die Tomaten entkernen, ausdrücken und sechsteln. Die Eier mit der Sahne oder der Milch glattrühren. Sie mit Salz und Pfeffer würzen und die Petersilie untermischen.

3• Die Knoblauchzehe schälen und durch die Knoblauchpresse drücken. Die Steinpilze im Butterschmalz rasch anbraten. Die

Tomaten und den Knoblauch dazugeben. Dann alles salzen, pfeffern und warm halten.

4• Die Butter in einer beschichteten Bratpfanne erhitzen. Die Eier hineingeben und mit einem Holzlöffel rühren, bis sie stocken.

5• Das Rührei mit den Pilzen und den Tomaten mischen und sofort servieren.

FILETTI DI PESCE PERSICO ALLA MILANESE

BARSCHFILETS NACH MAILÄNDER ART

Stammt aus der Lombardei
Arbeitsaufwand: ca. 15 Min.
Bratzeit: ca. 5 Min.

Für 4 Personen

20 kleine oder 8 mittelgroße
Barschfilets ohne Haut
4 EL Mehl
2 große frische Eier
Salz, Pfeffer aus der Mühle
100 g Paniermehl
100 g Butter
2 Zitronen
etwas glatte Petersilie

1• Die Barschfilets abspülen und mit Küchenpapier beidseitig trockentupfen.

2• Die Filets auf einer großen Platte oder auf einem Küchenbrett auslegen. Das Mehl durch ein Kaffeesieb auf die Filets stäuben.

3• Die Eier verquirlen und mit Salz und Pfeffer würzen. Das überschüssige Mehl von den Fischfilets abschütteln und sie dann durch die Eier ziehen.

4• Die Filets im Paniermehl wenden und die Panade fest andrücken. Die Butter aufschäumen lassen und die Filets darin beidseitig goldgelb braten. Darauf achten, daß die Butter nicht zu heiß und somit zu dunkel wird.

5• Die Zitronen heiß abwaschen, abtrocknen und vierteln. Die Fischfilets auf eine Platte geben und mit den Zitronenvierteln und der gewaschenen Petersilie garnieren.

⌐ GETRÄNKETIP ┐

trockener Weißwein,
z.B. Franciatorta Bianco
(2–3jährig)

Lombardei

Für 4 Personen

Für das Rindfleisch:
1 kg Rindfleisch zum Kochen
(Bug oder Hohe Rippe)
2¹/₂ l Wasser
¹/₂ Zwiebel
1 Lorbeerblatt
1 Gewürznelke
5 Pfefferkörner
Salz
2 Karotten
1 Stange Staudensellerie

Für die grüne Sauce
(Salsa verde):
1 Stange Staudensellerie
mit Kraut
1 EL Kapern
4 Sardellenfilets (aus dem Glas)
2 Essiggürkchen (Cornichons)
¹/₂ Zwiebel
1 Knoblauchzehe
2 EL Weißweinessig
Salz
5–6 EL kaltgepreßtes Olivenöl
3 EL gehackte Petersilie
Pfeffer aus der Mühle

LESSO DI MANZO CON SALSA VERDE

GEKOCHTES RINDFLEISCH MIT GRÜNER SAUCE

1• Das Wasser in einem hohen Topf aufkochen.

2• Die Zwiebelhälfte schälen und mit dem Lorbeerblatt und der Nelke spicken. Die Pfefferkörner mit einem großen Messer zerdrücken. Diese Zutaten zusammen mit dem Fleisch in das kochende Wasser geben.

3• Das Fleisch für etwa 2 Stunden bei schwacher Hitze im geschlossenen Topf kochen. Es dabei nach 1 Stunde Garzeit salzen.

4• Die Karotten putzen, schälen und längs halbieren. Den Sellerie putzen und in 2 bis 3 Stücke schneiden. Beides ½ Stunde vor Ende der Kochzeit zur Brühe geben.

5• Für die Sauce den Sellerie putzen, schälen, sehr fein schneiden oder mit einem großen Messer oder dem Wiegemesser fein hacken. Die Kapern, die Sardellen und die Essiggurken ebenfalls fein hacken.

6• Die Zwiebelhälfte schälen und fein würfeln. Die Knoblauchzehe schälen und durch die Knoblauchpresse drücken. Den Essig zusammen mit etwas Salz gut verrühren. Das Öl langsam dazurühren. Die Zwiebelwürfel, den Knoblauch sowie die Petersilie dazugeben und alles gut mischen. Die Sauce abschließend mit Salz und Pfeffer abschmecken.

7• Das Fleisch am Tisch aufschneiden und die Sauce dazu servieren.

GETRÄNKETIP

trockener Rotwein,
z.B. Oltrepò Pavese Pinot Nero
(3–8jährig)
oder Nebbiolo Langhe

TIP

• *Ganz festlich wird das Gericht, wenn Sie bei einer Tischrunde von 8 oder mehr Personen andere Fleischsorten, wie Kalbfleisch, Kalbskopf, Kalbszunge, Huhn, gefüllten Schweinsfuß (Zampone) und Schweinskochwurst (Cotechino) mitkochen. Dieses Gericht wird dann zu einem „Bollito misto", wie man es im Piemont zubereitet.*

*Stammt aus der Lombardei
Arbeitsaufwand: ca. 20 Min.
Quellzeit der Linsen: ca. 8 Std.
Garzeit: 45–50 Min.*

Für 4 Personen

*300 g getrocknete Linsen
100 g Pancetta (ital. Bauchspeck) oder magerer Speck
1 Stange Staudensellerie
1 Karotte
1 Zwiebel
1 Knoblauchzehe
4 gehackte Salbeiblätter
2 EL Butter
Salz, Pfeffer aus der Mühle*

TIP

*• Die Kochzeit der Linsen kann je
nach Qualität und Art sehr unterschiedlich sein. Entscheidend ist
auch, wie alt sie sind.*

LENTICCHIE IN UMIDO

GESCHMORTE LINSEN MIT SALBEI

1• Die Linsen am Vorabend in eine Schüssel geben und großzügig mit Wasser bedecken.

2• Die Linsen am nächsten Tag abgießen und kalt abspülen. Die Pancetta fein würfeln. Die Sellerie-stange waschen, putzen und in sehr feine Scheiben schneiden. Die Karotte putzen, schälen und fein würfeln oder raffeln.

3• Die Zwiebel und den Knob-lauch schälen. Die Zwiebel in kleine Würfel schneiden und die Knoblauchzehe durch die Presse drücken. Das Gemüse zusammen mit den Pancettawürfelchen, den Zwiebeln, dem Knoblauch und dem Salbei in der Butter andün-sten. Die Linsen dazugeben und alles knapp mit Wasser bedecken. Das Gemüse zusammen mit den Linsen etwa 45 Minuten bei schwacher Hitze zugedeckt garen.

4• Nach dieser Zeit prüfen, ob die Linsen weich sind. Wenn nötig, die Kochzeit noch etwas verlängern. Die Lin-sen vor dem Servie-ren mit Salz und Pfeffer ab-schmecken.

ASPARAGI ALLA MILANESE

SPARGEL NACH MAILÄNDER ART

Stammt aus der Lombardei
Arbeitsaufwand: ca. 30 Min.
Garzeit: 20–25 Min.

Für 4 Personen

2 kg Spargel
Salz
100 g Butter
4 frische Eier
50 g frisch geriebener
Parmesan

1• Die Spargelstangen großzügig schälen und um etwa 3 cm am unteren Ende kürzen. Sie dann mit Küchenschnur zu zwei Bündeln schnüren und mit den Spitzen nach oben in kochendes Salzwasser stellen. Am besten eignet sich dazu ein spezieller Spargeltopf oder ein hoher, schmaler Topf.

2• Den Spargel je nach Qualität 15 bis 20 Minuten kochen, bis er bißfest ist. Den Spargel vorsichtig aus dem Kochwasser heben, ab-tropfen lassen und kurz auf einem Küchentuch ausdampfen lassen. Ihn dann auf 4 vorgewärmte Teller verteilen.

3• Etwa die Hälfte der Butter in einer großen Pfanne erhitzen, bis sie hellgelb wird. Die Eier aufschlagen und zu Spiegeleiern braten. In der Zwischenzeit die restliche Butter schmelzen lassen.

4• Den Spargel mit dem Parmesan bestreuen, die Eier darauf setzen. Alles mit der Butter begießen.

• Damit das Eigelb nicht zu fest wird, deckt man es während des Backens in Italien oft mit dem noch flüssigen Eiweiß zu und nennt es dann „uovo in camicia" (Ei im Hemd).

TORTA ALLO ZABAIONE

WEINSCHAUMTORTE

Stammt aus der Lombardei
Arbeitsaufwand: ca. 1 Std.
Backzeit des Biskuitbodens:
25–30 Min.
Kühlzeit: 3–4 Std.

Für eine Springform
(24 cm ø)

Für den Biskuitboden:
3 frische Eigelbe
90 g Zucker
60 g Mehl
5 EL Speisestärke
3 frische Eiweiße

Für die Weinschaumcreme:
4–5 Blatt weiße Gelatine
6 frische Eigelbe
160 g Zucker
Saft von 1 Zitrone
1/4 l Marsala (ital. Dessertwein)
250 g Sahne

Außerdem:
Butter für die Form
3 blaue Weintrauben
50 g Mandelblättchen
250 g Sahne

TIP
• Der Geschmack der Mandelblätt-chen wird intensiver, wenn Sie sie in einer trockenen Bratpfanne oder im Ofen leicht rösten.

1• Für den Biskuitboden die Ei-gelbe zusammen mit der Hälfte des Zuckers cremig rühren.

2• Das Mehl und die Speisestärke auf ein Backpapier sieben und die Hälfte davon vorsichtig unter die Eigelb-Zucker-Creme mischen.

3• Die Eiweiße unter Zugabe des restlichen Zuckers steifschlagen.

4• Ein Drittel des Eischnees unter die Masse heben, danach das restliche Mehl und dann auch den restlichen Eischnee darunter-mischen.

5• Den Backofen auf 180°C vor-heizen. Den Boden der Springform mit der Butter einfetten, die Masse hineingeben und glattstreichen.

6• Den Teig im Ofen auf der mitt-leren Schiene 25 bis 30 Minuten backen.

7• Danach den Biskuitteig aus dem Ofen nehmen und etwa 10 Minu-ten in der Form ruhen lassen. Ihn vor der weiteren Verarbeitung oh-ne Ring ganz auskühlen lassen.

8• Für die Weinschaumcreme die Gelatine nach der Packungsbe-schreibung in kaltem Wasser ein-weichen. Die Eigelbe zusammen mit Zucker, Zitronensaft und Mar-sala in einem warmen Wasserbad zu einer sämigen und schaumigen Creme aufschlagen. Die Wein-schaumcreme aus dem Wasserbad nehmen.

9• Die Gelatine ausdrücken und in der warmen Creme auflösen. Die-se unter ständigem Rühren erkal-ten lassen.

10• Die Sahne steifschlagen und unter die stockende Creme ziehen.

11• Den Biskuitboden quer in 3 dünne Böden schneiden. Einen Boden in die geschlossene Spring-form legen und ein Drittel der Creme darauf streichen. Den zwei-ten Boden darauf legen, andrücken und mit dem zweiten Drittel der Creme bestreichen. Die Torte mit dem dritten Boden abdecken und diesen mit der restlichen Creme bestreichen. Die Torte zum Fest-werden für etwa 3 bis 4 Stunden in den Kühlschrank stellen.

12• Die Weintrauben waschen, vierteln und entkernen. Die Sahne steifschlagen. Die Springform öff-nen, den Rand der Torte mit der Sahne bestreichen und die Mandel-blättchen darauf leicht andrücken. Die restliche Sahne in einen Spritz-beutel geben, 12 Sahnerosetten auf die Torte spritzen und die Trauben-viertel darauf dekorativ anrichten.

GETRÄNKETIP

süßer Schaumwein,
z.B. Oltrepò Pavese Moscato
oder Spumante aus der
Lombardei

SÜDTIROL, VENETIEN UND
FRIAUL-JULISCH VENETIEN

Südtirol, Venetien und Friaul-Julisch Venetien

Weites Meer und schroffes Gebirge, quirlige Städte und unberührte Landschaften, vollendete Kunst und einfaches Handwerk, rustikale und raffinierte Tendenzen in der Küche – das sind die unübersehbaren Kontraste, die diese Regionen im Nordosten Italiens auszeichnen. Und gerade diese Gegensätze machen den eigenwilligen Reiz der Gegend aus und ziehen Jahr für Jahr viele Besucher in ihren Bann.

Unmaskierte Vielfalt aus Küche und Keller

WO MAN MIT WONNE SCHLEMMT

Hinter dem großen Paß

Wer über den Brenner gen Süden fährt, merkt wahrscheinlich erst beim zweiten Hinsehen, daß er in Italien – noch genauer in der italienischen Provinz Südtirol (Alto Adige) ist. Zu ähnlich sind nicht nur die Landschaft und die Sprache, sondern auch die Küche der österreichischen Namensvetterin.

Hüben wie drüben ißt man am liebsten deftig-kräftig: Speckknödel mit Kraut, reichlich Schweinefleisch, Kartoffel- oder Spinatnocken, die hier *gnocchi* heißen, sowie Mehlspeisen und Strudel, ein süßes Relikt aus der Donaumonarchie.

Marktbummel durch Bozen

Es ist Mittwochvormittag, und auf dem Obstmarkt auf der Piazza delle Erbe in Bozen herrscht an diesem sonnigen Herbsttag geschäftiges Treiben. Groß und klein sind zum Einkaufen unterwegs.

Kritisch werden Steinpilze, Eßkastanien, frische Walnüsse und Riesenmengen von Äpfeln begutachtet. Letztere kommen vor allem aus dem Eisacktal, dem größten Apfelanbaugebiet Südtirols.

Aber auch Wein findet in den Tälern Südtirols geeignete Bedingungen, so zum Beispiel die Rotweine vom Kalterersee und der hellgelbe *Terlano*.

Im Reich des König Laurin

Immer enger wird das Tal, immer kurvenreicher die schmale Straße und immer atemberaubender das Bergpanorama. Wir fahren auf der „Großen Dolomitenstraße" durch das Eggertal.

Im Schatten des schroff aufragenden Rosengartens, dem Reich des Königs Laurin, und der Látemarwände liegt der tintenblaue Karer-

see, ein lohnenswerter Stop für eine typische Südtiroler Vesper mit würzigen Kaminwurzen (geräucherte Wurst), Schüttelbrot, einem mit Kümmel gewürzten Fladenbrot und natürlich mit dem berühmten Tiroler Speck, der noch immer nach alten Geheimrezepten mit Knoblauch und Gewürzen gepökelt und danach langsam in gut durchlüfteten Kammern geräuchert wird.

Durch die Weinberge des Trentino

Zerklüftete Dolomitenmassive, aber auch sanfte Badeseen, idyllische Dörfchen und über 80 Burgen und Schlösser – das alles bietet das Trentino. Auf Tausenden von Terrassen, die die steil abfallenden Hänge der Täler durchziehen, wird hier in erster Linie Wein angebaut.

Ausnahmslos sind dies alles Weine der Spitzenklasse: frische, spritzige Weiße wie *Chardonnay, Pinot grigio, Pinot bianco, Müller-Thurgau* und der feine *Nosiola,* aber auch leichte, jung zu trinkende Rotweine aus der Vernatschtraube oder anspruchsvolle Rotweine wie der *Teroldego Rotaliano* oder der *Marzemino,* von dem schon Mozart schwärmte. Und nicht zu vergessen ist der *Grappa,* ein Brand aus Weintrester.

Wo die Zitronen blühen

Zypressen und Agaven, Oleander und Zitronenbäume säumen die Uferstraße, die sich an der Ostseite des Gardasees entlangschlängelt. Vorbei an Kastellen, an mittelalterlichen Kirchen und kleinen Örtchen mit schmalen Gassen geht es weiter gen Süden nach Venetien, allerdings nicht, ohne vorher noch einen kleinen Abstecher in das Örtchen Bardolino gemacht zu haben, aus dem nicht nur der süffige Rotwein, sondern auch ein hervorragendes Olivenöl kommen.

Reis in allen Variationen

Jeden Sommer zieht es Tausende von Opernfreunden in das antike Amphitheater. Liebespaare kommen in die Via Capello 23, wo sich Shakespeares Romeo- und-Julia-Drama zugetragen haben soll. Wir sind in Verona, der wohlhabenden Stadt an den Ufern der Etsch.

Es sind vor allem Reisgerichte, die die Speisekarten der vielen kleinen Restaurants in der Altstadt prägen: das in ganz Venetien so beliebte *risi e bisi* (Reis und Erbsen), *risotto ai frutti di mare* (Rezept S. 64) und viele andere mehr. Angeblich kennt man in Venetien für jeden Tag im Jahr ein anderes Reisrezept.

Neben Reis, der übrigens vorwiegend von den Feldern rund um Verona stammt, spielen aber auch noch Mais, frisches Gemüse, Meeresfrüchte und – man staune: Stockfisch – eine große Rolle in der Küche Venetiens.

Bekanntester Weißwein ist übrigens der strohgelbe trockene *Soave,* den es inzwischen auch in DOC-Qualität gibt. Zum absoluten Renner entwickelt sich der *Prosecco di Conegliano-Valdobbiadene,* ein leichter und spritziger Wein, den es still oder perlig gibt.

Zu den erwähnenswerten Roten gehören neben *Bardolino* noch der leichte *Valpolicella* und der *Amarone,* der aus auf Stroh getrockneten Beeren gewonnen wird.

Ein Tag in Venedig

Goethe nannte den Canale Grande die „schönste Straße der Welt". Darüber mag man heute streiten, doch noch immer erinnern die zahlreichen Palazzi, die seine Ufer säumen, an die Zeit, als Venedig die bedeutendste Handelsmetropole der Welt war, und zwar für all das, was gut und teuer war: für Zucker, Salz, Gewürze und Kaffee. Ein *vaporetto* (kleines Motorschiff) bringt uns direkt zum Markusplatz mit der Markuskirche und dem prächtigen Dogenpalast.

Durch enge Gassen schlendern wir zur Rialtobrücke und bestaunen das riesige Fischangebot auf dem Markt: Wolfsbarsch und Seehecht, Hummer und Langusten, Aale und Brassen sowie Meeresspinnen, die keine Spinnen, sondern eine Art Krabben sind.

In einer naheliegenden *trattoria* genießen wir die Spezialitäten der Stadt: *bigoli scuri,* dicke Vollkornspaghetti an Entensauce und *risotto nero* (mit Tintenfischtinte eingefärbter Reis).

Ein absolutes Muß für alle Venedig-Besucher: ein *espresso* im Café Florian auf dem Markusplatz.

Bodenständiges Friaul

Er ist einfach nicht zu übersehen, der Einfluß der österreichisch-ungarischen, aber auch der slawischen Küche. Immerhin war ja auch Triest einst bedeutender Seehandelsplatz.

Und so ißt man in Friaul-Julisch Venetien eher bodenständig:

ungarisches Gulasch oder Hase auf böhmische Art, *iota,* einen deftigen Bohneneintopf, Mehlspeisen und Strudel. Und es vergeht auch keine Mahlzeit, bei der nicht *polenta* (Rezept S. 61) auf den Tisch kommt.

Etwas leichter und feiner wird die Küche, je näher man dem Meer kommt. Hier dominieren aromatische Fischsuppen und Meeresfrüchte aller Art. Dazu trinkt man einen *Tocai friulano* oder gar einen *Picolit,* einen süßen, alkoholreichen Dessertwein.

Zu den Kostbarkeiten des Friauls gehört aber auch der Schinken von San Daniele, den man an seiner typischen Geigenform erkennt. Rund 12,5 Kilogramm schwer sind die Keulen der schwarzen Zwergschweine, die nach alter Tradition so lange unter einer Salzschicht

liegen, wie sie Kilogramm schwer sind. Danach werden sie zwischen Tannen- und Birnenholzbrettern gepreßt, müssen gepökelt 80 Tage ruhen und dann etwa 1 Jahr in würziger Luft reifen. Erst dann sind sie es wert, als milder, zartrosa *prosciutto* Teil eines typisch italienischen *antipasto* zu sein.

Stammt aus Südtirol
(Alto Adige)
Arbeitsaufwand: ca. 30 Min.
Garzeit: ca. 40 Min.

Für 4 Personen

^{1}/2 Zwiebel
50 g Speck
2 EL Butter
800 ml Fleischbrühe
250 g Sauerkraut
Salz, Pfeffer aus der Mühle
1 mittelgroße Kartoffel
150 g Weißbrot
100 g saure Sahne
2 EL Schnittlauchröllchen

• *Raffinierte Köche geben dieser*
Suppe ein Glas trockenen Wermut
hinzu.

ZUPPA DI CRAUTI

SAUERKRAUTSUPPE

1• Die Zwiebel schälen und ebenso wie den Speck in kleine Würfel schneiden. Beides in 1 Eßlöffel Butter andünsten. Die Fleischbrühe und das Sauerkraut hinzufügen und alles bei schwacher Hitze etwa 30 Minuten ziehen lassen. Danach die Suppe mit Salz und Pfeffer abschmecken.

2• Die Kartoffel schälen, waschen und mit Hilfe einer Küchenreibe in die Suppe reiben. Die Suppe gut durchrühren und nochmals aufkochen. Das Weißbrot in kleine Würfel schneiden und in dem restlichen Eßlöffel Butter goldbraun rösten.

3• Die saure Sahne mit etwas Suppenbrühe glattrühren und dann zur Suppe geben. Alles kurz erwärmen, aber nicht mehr kochen. Die Suppe in Teller geben und mit den Brotwürfeln und dem Schnittlauch bestreuen.

Stammt aus dem Friaul
Arbeitsaufwand: ca. 30 Min.
Garzeit: ca. 1 1/2 Std.

POLENTA CON CARNE E SALSICCIA

POLENTARING MIT FLEISCH UND WURST

Für 4 Personen

Für die Polenta:
1 l Fleischbrühe
250 g feiner Maisgrieß

Für die Füllung:
3 EL Butter
200 g Schweinehackfleisch
2 rohe Bauernbratwürste
1 EL Tomatenmark
Salz, Pfeffer aus der Mühle
6 EL Rotwein
2 EL gehackte Petersilie

1• Aus der Brühe und dem Maisgrieß nach dem Grundrezept (S. 20) eine Polenta zubereiten.

2• Nach der Quellzeit die Polenta in 4 kleine Ringförmchen oder in eine große Ringform (Savarinform) geben und erkalten lassen. Die Butter erhitzen und das Hackfleisch darin anbraten.

3• Das Brät aus den Würsten und das Tomatenmark zum Hackfleisch geben. Alles miteinander mischen und mit Salz und Pfeffer würzen. Mit dem Wein ablöschen.

4• Fleisch und Wurstbrät bei schwacher Hitze etwa 1 Stunde zugedeckt schmoren lassen. Wenn nötig, ab und zu 1 Eßlöffel Wasser hinzufügen. Zuletzt die gehackte Petersilie daruntermischen.

5• Den Backofen auf 150°C vorheizen. Etwa 30 Minuten vor Ende der Kochzeit des Fleisches die Polenta aus der Form auf eine Platte stürzen, mit der Butter bestreichen und im Backofen erwärmen. Zum Servieren das Fleisch in der Mitte der Polentaringe anrichten.

GETRÄNKETIP

roter Landwein
(vorzugsweise aus dem Collio),
z.B. einfacher Merlot,
Cabernet franc

GNOCCHI DI ZUCCA AI FUNGHI

KÜRBISGNOCCHI AUF WALDPILZRAGOUT

*Stammt aus Venetien
Arbeitsaufwand: ca. 40 Min.
Garzeit: ca. 20 Min.*

Für 4 Personen

*Für die Gnocchi:
1,5 kg Speisekürbis
Salz, Pfeffer aus der Mühle
1 frisches Ei
2 frische Eigelbe
4–10 EL Mehl*

*Für das Pilzragout:
1 kg frische Waldpilze
(z.B. Steinpilze, Wald-
champignons, Pfifferlinge)
4 EL Olivenöl
Salz, Pfeffer aus der Mühle
50 g Butter*

1• Den Kürbis schälen, von dem weichen Faserteil und den Kernen befreien und das feste Fruchtfleisch in Würfel schneiden. Die Kürbiswürfel unter Rühren bei schwacher Hitze in einem Topf ohne Fett- oder Wasserzugabe zugedeckt dünsten, bis sie weich sind. Dann offen weiterdünsten, bis der Kürbissaft ausgetreten und eingekocht ist. Das Kürbisfleisch soll so trocken wie möglich sein. Nun die Kürbiswürfel etwas abkühlen lassen, salzen und pfeffern.

2• Die abgekühlten Kürbiswürfel in den Mixer geben und zusammen mit dem Ei und den Eigelben zu einer glatten Masse pürieren. Soviel Mehl einarbeiten, bis ein formbarer Teig entsteht. Den Teig mit Salz und Pfeffer kräftig nachwürzen.

3• In einem großen Kochtopf reichlich Salzwasser zum Kochen bringen. Aus dem Teig mit Hilfe von 2 Teelöffeln Nocken abstechen und diese sofort vorsichtig in das siedende Salzwasser geben. Die Hitze reduzieren und die Nocken ungefähr 5 Minuten ziehen lassen, bis sie aufschwimmen. Sie dann in einem Sieb abtropfen lassen und bis zum Servieren zugedeckt warm stellen.

4• Unterdessen die Pilze kurz waschen, putzen und, wenn nötig, etwas zerkleinern. Sie in Olivenöl andünsten, mit Salz und Pfeffer würzen und auf Teller geben.

5• Die Gnocchi auf dem Pilzragout anrichten. Die Butter erhitzen und über die Kürbisgnocchi träufeln.

Variation

• Diese Gnocchi schmecken auch sehr gut, wenn Sie sie einfach nur mit geschmolzener Butter und aromatischen Kräutern, wie Oregano und Rosmarin, begießen.

GETRÄNKETIP

*trockener
Rotwein,
z.B. Bardolino
classico
(2–4jährig)*

RISOTTO AI FRUTTI DI MARE

RISOTTO MIT MEERESFRÜCHTEN

Stammt aus Venetien
Arbeitsaufwand: ca. 40 Min.
Garzeit: ca. 30 Min.

Für 4 Personen

20 Venusmuscheln (Vongole)
20 Miesmuscheln
3 EL Olivenöl
200 ml Weißwein
4 Scampischwänze mit Schalen
60 g Staudensellerie
60 g Karotten
60 g Lauch
240 g Rundkornreis (z.B. Vialone
oder Carnaroli)
400 ml Geflügelbrühe
Salz, Pfeffer aus der Mühle
etwas glatte Petersilie

TIP

• Die Venusmuscheln sollten Sie vor dem Kochen etwa 1 Stunde wässern, damit vorhandener Sand ausgewaschen wird.

1• Die Venusmuscheln und die Miesmuscheln gründlich waschen und die eventuell noch vorhandenen Bärte herausziehen. Bereits geöffnete Muscheln wegwerfen, denn sie sind verdorben.

2• 1 Eßlöffel Öl erhitzen und die Muscheln darin kurz dünsten. Sie mit dem Weißwein ablöschen, aufkochen lassen und die Scampischwänze dazugeben. Zugedeckt beiseite stellen.

3• Den Sellerie, die Karotten und den Lauch putzen und waschen. Die Karotten schälen und ebenso wie den Sellerie sehr klein würfeln. Den Lauch in feine Streifen schneiden.

4• Für den Risotto die restlichen 2 Eßlöffel Olivenöl erhitzen und den Reis glasig dünsten. Dann das Gemüse dazugeben und bißfest dünsten.

5• Die Muscheln in einem Sieb abtropfen lassen und den Muschelfond auffangen. Den Reis damit ablöschen, etwas einkochen lassen und mit der Geflügelbrühe auffüllen. Ihn dann in 15 bis 18 Minuten knapp gar kochen.

6• Von den Venusmuscheln 4 leicht geöffnete beiseite legen. Das Muschelfleisch der übrigen Venus- und Miesmuscheln aus den Schalen nehmen, dabei geschlossene Muscheln wegwerfen. Von den Scampi die Schalen entfernen und 4 Stück zum Garnieren zurücklegen. Die restlichen Meeresfrüchte noch einmal im Risotto erwärmen und mit Salz und Pfeffer abschmecken.

7• Den Risotto in Suppenteller geben und mit 1 Venusmuschel, 1 Scampischwanz und etwas Petersilie garnieren.

GETRÄNKETIP

trockener Weißwein,
z.B. Breganze bianco oder
Chardonnay del Veneto
(2–3jährig)

Südtirol, Venetien, Friaul-Julisch Venetien

*Stammt aus Venetien
Arbeitsaufwand: ca. 30 Min.
Garzeit: ca. 15 Min.*

Für 4 Personen

*20 mittelgroße Scampischwänze
mit Schalen
1–2 EL Mehl
Öl oder Fritierfett zum
Ausbacken
2 frische Eier
Salz, Pfeffer aus der Mühle
2 Zitronen
etwas glatte Petersilie*

GETRÄNKETIP

*trockener Weißwein,
z.B. Breganze bianco
(3–5jährig)*

SCAMPI FRITTI

AUSGEBACKENE SCAMPI

1• Die Scampi von den Köpfen und Schalen befreien und mit wenig Mehl bestäuben. Das Öl oder das Fritierfett in der Friteuse oder einem großen Topf erhitzen.

2• Die Eier verquirlen und mit Salz und Pfeffer würzen. Die Zitronen gründlich waschen, abtrocknen und halbieren.

3• Die Scampi durch die Eier ziehen, etwas abtropfen lassen und dann portionsweise in das auf etwa 180°C erhitzte Öl tauchen. Die Scampi 2 bis 3 Minuten ausbacken, bis sie goldgelb werden.

4• Die fritierten Scampi auf Küchenpapier abtropfen lassen und sofort zusammen mit den Zitronenhälften und der Petersilie auf einer Platte anrichten. Am Tisch den Zitronensaft über die Scampi auspressen.

Variation

• Man kann die Scampi auch in einem Backteig ausbacken. Probieren Sie doch auch einmal diese knusprige Variante. Dazu werden die vorbereiteten Scampi in einen Backteig (S. 108) getaucht und im heißen Fett ausgebacken.

FEGATO ALLA VENEZIANA

KALBSLEBER NACH VENEZIANISCHER ART

Stammt aus Venetien
Arbeitsaufwand: ca. 15 Min.
Garzeit: ca. 10 Min.

Für 4 Personen

2 große Zwiebeln
4 EL Olivenöl
600 g Kalbsleber am Stück
4–6 Salbeiblätter
Salz, Pfeffer aus der Mühle

1• Die Zwiebeln schälen, halbieren und in sehr feine Streifen schneiden. Diese in 2 Eßlöffeln erhitztem Olivenöl goldgelb dünsten.

2• Die Leber waschen, trockentupfen, längs halbieren und in dünne Scheiben schneiden. Diese in einer zweiten Pfanne in den restlichen 2 Eßlöffeln Olivenöl mit den gewaschenen Salbeiblättern rasch anbraten, bis die Leber nicht mehr rot ist. Die Leberscheiben erst jetzt salzen und pfeffern.

3• Die Leber zusammen mit den Zwiebeln anrichten und sofort servieren.

Variation

• Zur Abwechslung kann man den Bratensaft der Leber mit ein wenig trockenem Marsala ablöschen.

GETRÄNKETIP

leichter Landwein, (2–3jährig)
z. B. Bardolino classico

•Dazu wird in Venetien Polenta (Grundrezept S. 20) serviert.

Südtirol, Venetien und Friaul-Julisch Venetien

Stammt aus Venetien
Arbeitsaufwand: ca. 25 Min.
Garzeit: ca. 55 Min.

Für 4 Personen

Für das Perlhuhn:
1 junges Perlhuhn (ca. 1 kg),
küchenfertig eingekauft
Salz, Pfeffer aus der Mühle
1 Zweig Rosmarin
1 Stück Zitronenschale
(ohne weiße Haut)
2 EL Olivenöl
2 EL Butter

Für die Geflügellebersauce:
3 frische Hühnerlebern
1 kleiner Peperoncino
(scharfe rote Pfefferschote)
2 Knoblauchzehen
4 Sardellenfilets (aus dem Glas)
1 EL Kapern
1 EL gehackte Petersilie
3 EL Butter
2–3 EL geriebenes altbackenes
Weißbrot
2 EL geriebener Parmesan
4 EL Olivenöl
2 EL Zitronensaft oder Weinessig
Salz, Pfeffer aus der Mühle
Muskat

FARAONA ARROSTO ALLA TREVISANA

GEBRATENES PERLHUHN MIT GEFLÜGELLEBERSAUCE

1• Das Perlhuhn innen und außen salzen, den gewaschenen Rosmarinzweig und die Zitronenschale in die Bauchhöhle stecken. Den Backofen auf 220°C vorheizen.

2• Das gefüllte Perlhuhn nun in Olivenöl und in der Butter allseitig anbraten, in eine feuerfeste Form legen und im Ofen etwa 40 Minuten braten. Dabei das Fleisch öfter mit dem austretenden Bratensaft begießen und nach der Hälfte der Garzeit wenden.

3• Inzwischen die Hühnerlebern sorgfältig putzen, waschen und in kleine Stücke schneiden. Den Peperoncino waschen, aufschneiden und entkernen. Die Knoblauchzehen schälen und beides ebenso wie die Sardellenfilets und die Kapern in kleine Würfel schneiden.

4• Die Leberstücke mit Peperoncino, Sardellen, Knoblauch, Kapern und Petersilie mischen. Diese Mischung in einer Pfanne in der Butter anbraten, mit dem geriebenen Brot bestreuen und leicht Farbe nehmen lassen.

5• Den Käse dazugeben und die Pfanne vom Herd nehmen. Nun das Olivenöl dazurühren und abschließend die Sauce mit dem Zitronensaft oder dem Essig sowie mit Salz, Pfeffer und Muskat abschmecken.

6• Das gebratene Perlhuhn aus dem Ofen nehmen, auf einer länglichen Platte anrichten, in 4 Stücke schneiden und zusammen mit der Geflügellebersauce servieren.

GETRÄNKETIP

trockener Rotwein, z.B. Venegazzù della Casa (3–5 jährig)

ZUCCA GIALLA IN MARINATA

MARINIERTER GELBER KÜRBIS

*Stammt aus Venetien
Arbeitsaufwand: ca. 25 Min.
Garzeit: ca. 10 Min.
Marinierzeit: 3–4 Std.*

Für 6 Personen

*1 kg Speisekürbis mit gelbem
Fruchtfleisch
2–3 EL Mehl
Öl oder Fritierfett zum
Ausbacken
3 EL feingehacktes Basilikum
1 Knoblauchzehe
3 EL Weißweinessig
Salz, Pfeffer aus der Mühle*

1• Den Kürbis schälen, von dem weichen Faserteil und den Kernen befreien. Das feste Kürbisfleisch in etwa 3 cm breite Spalten zerteilen und diese in dünne Scheiben schneiden.

2• Das Öl oder das Fritierfett in einem großen Topf oder in der Friteuse erhitzen. In der Zwischenzeit die Kürbisscheiben im Mehl wenden, überschüssiges Mehl abschütteln und die Scheiben dann im heißen Öl fritieren, bis sie leicht Farbe annehmen.

3• Die fritierten Scheiben aus dem Fett nehmen und auf Küchenpapier abtropfen lassen.

4• Danach die Kürbisscheiben und das Basilikum schichtweise in ein flaches Gefäß geben.

5• Die Knoblauchzehe schälen und fein würfeln. Nun den Essig zusammen mit dem Knoblauch, wenig Salz und viel Pfeffer aufkochen.

6• Diese Marinade über die Kürbisscheiben gießen. Alles mit Folie abdecken und 3 bis 4 Stunden durchziehen lassen.

TIPS

• *Dieses kalte Gemüsegericht eignet sich als Beilage zu gekochtem Fleisch, z.B. Rindfleisch oder Geflügel, oder als Vorspeise.*

• *Auf die gleiche Art können Sie auch Zucchini einlegen. Diese Variante ist in Rom weit verbreitet.*

GETRÄNKETIP

*leichter Weißwein,
z.B. Prosecco di Conegliano
oder Bianco di
Custoza
(1–2jährig)*

Stammt aus dem Friaul
Arbeitsaufwand: ca. 20 Min.
Backzeit: 8–10 Min.

Für 4 Personen

Für die Mascarponecreme:
250 g Mascarpone
(ital. Frischkäse)
2 frische Eigelbe
Saft von 1 Zitrone
50 g Zucker
2 EL Honig
3 EL Milch
3 EL Sahne

Außerdem:
500 g gemischte frische Früchte
(z.B. Äpfel, Birnen, Trauben)
evtl. etwas Kirschlikör

GETRÄNKETIP

lieblicher Dessertwein,
z.B. Moscato Rosa
(1–2jährig)

FRUTTA AL MASCARPONE

FRÜCHTEGRATIN MIT MASCARPONE

1• Alle Zutaten für die Creme in eine Schüssel geben und glattrühren. Den Backofen auf 200°C Oberhitze vorheizen.

2• Die Früchte waschen, evtl. schälen, entkernen und in mundgerechte Stücke schneiden.

3• Die Fruchtstücke in eine Gratinform geben und nach Belieben mit Likör beträufeln.

4• Die Mascarponecreme auf die Früchte geben. Das Ganze im Backofen bei Oberhitze 8 bis 10 Minuten gratinieren.

5• Das Gratin in der Form sofort servieren.

Variation

• Sie können für dieses Gratin beliebige Früchte mischen. Probieren Sie doch einmal ein Beerenfrüchtegratin mit Erdbeeren, Himbeeren und Johannisbeeren.

FRITTELLE DI MELE

APFELKÜCHLEIN

1• Die Butter zusammen mit der Milch erwärmen und in eine Teigschüssel geben. Das Mehl mit dem Backpulver mischen und unter die Milch rühren. Die Eier trennen, die Eigelbe verquirlen und unter den Teig rühren. Ihn dann etwa 1 Stunde ruhen lassen.

2• In der Zwischenzeit die Äpfel schälen, und die Kerngehäuse ausstechen. Sie dann quer in ungefähr 7 mm dicke Ringe schneiden und in eine breite Schüssel legen. Die Apfelringe mit dem Zucker bestreuen und mit dem Wein begießen. Sie dann an einem kühlen Ort etwa 15 Minuten marinieren.

3• Die Apfelringe abgießen und auf Küchenpapier abtropfen lassen. Den Zucker mit dem Zimt mischen. Nun die Eiweiße zusammen mit 1 Prise Salz zu festem Schnee schlagen und diesen vorsichtig unter den Teig heben.

4• Das Fett in der Friteuse oder in einem großen Topf erhitzen. Die Apfelringe mit Hilfe einer Gabel portionsweise in den Teig tauchen, abtropfen lassen und im heißen Fett goldgelb ausbacken.

5• Die Apfelküchlein gut abtropfen lassen und noch warm im Zimtzucker wenden.

Stammt aus Südtirol (Alto Adige)
Arbeitsaufwand: ca. 30 Min.
Backzeit: ca. 25 Min.
Ruhezeit des Teiges: ca. 1 Std.
Marinierzeit: ca. 15 Min.

Für 4 Personen

Für den Teig:
50 g Butter
1/8 l Milch
100 g Mehl
1/2 Päckchen Backpulver
3 frische Eier
1 Prise Salz

Für die Äpfel:
2 große Äpfel (z.B. Idared oder Jonathan)
3 EL Zucker
100 ml Rotwein
Öl oder Butterschmalz zum Ausbacken

Außerdem:
2 EL Zucker, 1/2 TL Zimt

EMILIA-ROMAGNA

*Erlesenes
nicht nur aus Parma*

Emilia-Romagna

Vollblutmusiker wie Verdi und Toscanini, aber auch Gaumenfreuden wie Parmaschinken und Parmesankäse stammen aus dieser lieblichen Hügelregion. Die Bewohner der Emilia-Romagna wußten schon von altersher Kultur und Kochkunst zu schätzen. So soll die Fähigkeit, Nudelteig hauchdünn auszuziehen, bei den jungen Mädchen früher wichtiger gewesen sein als ihre Schönheit ...

Emilia-Romagna

WO KEIN FEINSCHMECKER-WUNSCH UNER-FÜLLT BLEIBT

Willkommen im Gemüsegarten im Norden

Kleine Dörfchen inmitten grüner Täler, Obstgärten, die von Burgruinen überragt werden, und Felder, so weit das Auge reicht. Wir fahren durch die Emilia-Romagna, das kulinarische Herz Italiens.

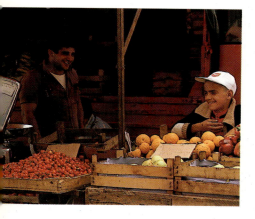

Das fruchtbare Land, vom Po und seinen Nebenflüssen gespeist und geschützt von den Bergketten des Apennin, bringt in Hülle und Fülle all das hervor, was Feinschmeckerherzen höher schlagen läßt: die saftigsten Kirschen und die köstlichsten Gemüsearten. Über die Hälfte des italienischen Ertrags an Pflaumen und Birnen, ein Viertel der Äpfel und des Getreides sowie reiche Mengen an Wild-, Schweine- und Kalbfleisch stammen aus dieser herrlichen Region.

Fürstlicher Schinken

Unser erstes Ziel ist Parma, die Heimat des berühmten Komponisten Giuseppe Verdi. Und noch heute gilt es für italienische Opernsänger als ausgesprochene Ehre, in einer Verdioper am Teatro Regio in Parma gesungen zu haben.

Doch es ist nicht nur die Musik allein, die diese kleine Provinzstadt an der Via Emilia so liebenswert macht. Da sind zum einen der Dom, das achteckige, romanisch-gotische Baptisterium und die Kirche Madonna della Steccata, da ist zum anderen aber auch der von Feinschmeckern in aller Welt so hoch geschätzte Parmaschinken.

Nur die schönsten Keulen von ausgewählten Schweinen kommen nach Langhirano, einem kleinen Dörfchen in der Nähe von Parma, der Hochburg der Schinkenherstellung. Dort reifen sie nach jahrhundertealter Tradition heran zum *prosciutto di Parma*. Die etwa 11 kg schweren frischen Schweinekeulen werden mit Salz eingerieben, abgehangen, gewaschen und wieder mit Salz einmassiert. Bei dieser Prozedur verlieren die Keulen Wasser und beginnen zu reifen.

Nach 2 ½ Monaten hängt man sie dann in spezielle Lagerhallen. Und dort sorgen gleichmäßige Temperatur und die leichten talwärts strömenden Winde mit ihrem würzigen Kastanien- und Pinienduft für den einzigartigen Geschmack. Mindestens 1 Jahr muß der Schinken unter strenger Kontrolle reifen, bevor er vom Konsortium für den Parmaschinken den Brandstempel mit der fünfzackigen Herzogskrone erhält.

Um seinen vollen Geschmack zu genießen, sollten Sie den Parmaschinken nur hauchdünn aufschneiden und ihn bei Zimmertemperatur servieren. Letzteres gilt übrigens auch für die anderen nahrhaften Delikatessen aus der Gegend rund um Parma: für den *culatello*, das beste Stück aus der Schweinekeule, der rund um Busseto hergestellt wird, oder die grobkörnige, mild-aromatische *salame di Felino* aus dem gleichnamigen Ort sowie für die *coppa*, einen schinkenähnlichen, gesalzenen und in Wein gereiften Schweinenacken aus Piacenza.

Parmesan, die beste Pastawürze

Gleich hinter Parma kommen wir in die Heimat einer weiteren italienischen Spezialität, des *parmigiano reggiano,* besser bekannt als Parmesankäse. Der würzige Käse darf nur in den Regionen rund um Parma und Reggio Emilia aus Kuhmilch hergestellt werden.

Der Rahm wird von der Milch abgeschöpft, gesäuert und gekocht. Der dabei entstehende Bruch wird dann gepreßt und in langer Reifung ausgebaut. Ein echter Parmesankäse reift auf natürlichem Wege mindestens 18 Monate, sehr guter Parmesan sogar 3 bis 4 Jahre. Der Käse ist dann strohgelb, körnig und besonders würzig.

Frisch gerieben schmeckt er über Teigwaren, *risotto* oder Suppen köstlich. 3 bis 4 Jahre alter Parmesan eignet sich hervorragend, in kleinen Brocken abgespalten als Dessert oder zu einem Glas Rotwein.

Tropfen für Tropfen ein Genuß

Die Bewohner von Modena wissen manchmal nicht so recht, worauf sie nun mehr stolz sein sollen: auf den roten Ferrari-Rennwagen, dessen Erfinder hier geboren wurde, auf Luciano Pavarotti, der hier ebenfalls das Licht der Welt erblickte, oder auf den *aceto balsamico,* den teuersten Essig der Welt. Seit Jahrhunderten ist sein Säuregehalt das bestgehütete Geheimnis Italiens und seine dunkelbraune, aromatische Würze den Feinschmeckern in aller Welt ein Vermögen wert. *Aceto balsamico* wird

aus den besten Weißweinen der Region gewonnen, eingekocht und dann mit einer speziellen Essigmutter vergoren. In kleinen Fässern aus verschiedenen Holzarten, wie zum Beispiel Kirsche, Esche, Kastanie, Maulbeer oder Wacholder, reift er dann mindestens 3 Jahre, die teuersten Sorten lagert man sogar 50 bis 100 Jahre. Schon ein paar Tröpfchen genügen, um einem Salat, einem *antipasto* oder einem Dessert mit frischen Erdbeeren das gewisse Etwas zu verleihen.

Wesentlich deftiger ist eine andere Spezialität aus Modena, der *zampone,* ein Schweinsfuß ohne Knochen, der mit gewürztem Schweinehack gefüllt wird. Man gart ihn zusammen mit anderen Fleischsorten im *bollito misto* (siehe S.48).

Damit alle diese Köstlichkeiten die richtige Würze bekommen, verwendet man in der Emilia-Romagna reichlich Zwiebeln, Sellerie, Thymian und Salbei. Zum Braten zieht man Butter oder noch lieber Schmalz dem Olivenöl vor.

Feinschmeckerparadies Bologna

Sie besitzt die größte Altstadt Italiens, den längsten Laubengang der Welt, die älteste Universität Europas und eine der besten Küchen

Italiens: Kein Wunder, daß man Bologna, die Hauptstadt der Emilia-Romagna, auch „la grassa e la dotta" (die Fette und die Gelehrte) nennt.

Ein Bummel durch die Altstadt führt uns zur Fontana del Nettuno, dem Brunnen, der mit seiner bronzenen Neptunfigur zu den schönsten Brunnen aus dem 16. Jahrhundert gehört. Auf die 98 Meter hohe Torre degli Asinelli, den höchsten der beiden schiefen Türme, steigt man über 498 Stufen. Der spektakuläre Ausblick auf die Stadt bestätigt, daß sich der mühsame Aufstieg gelohnt hat.

Ein absolutes Muß für Feinschmekker ist die *Via Caprarie,* Bolognas berühmte Delikatessengasse. Ob *agnolotti* oder *anolini, cappeletti*

oder *lasagne, tortellini* oder *tagliatelle* – die Emilia-Romagna hat die besten Teigwaren Italiens aufzubieten. Und sonntags werden sie von der *mamma* oder *nonna* noch immer frisch zubereitet. Ob mit *parmesan* bestreut oder mit Spinat, Fleisch, Käse, Eiern oder Schinken gefüllt, ob überbacken oder mit *ragù alla bolognese,* der Bologneser Sauce, begossen – jedes Nudelgericht ist hier eine Sünde wert. Mit den Rezepten von Seite 82 bis 85 können Sie die Klassiker der italienischen Pastaküche auch am eigenen Herd ausprobieren.

In Bologna bekommt man seine Nudeln natürlich auch mit *mortadella* gefüllt, der großen, würzigen Wurst aus Schweinefleisch, die ihren Ursprung in dieser Stadt hat.

Schon Caesar aß *brodetto*

Rund 120 Kilometer lang ist die adriatische Küste der Emilia-Romagna, ein wahres Paradies nicht nur für Sonnenanbeter, sondern auch für Fischfans. Berühmt ist vor allem der *brodetto,* eine würzige Fischsuppe aus Rimini, für die schon Caesar schwärmte, ehe er den Rubicon überschritt.

Aber auch an der Küste rund um Ravenna und Cervia locken Fisch und Meeresfrüchte in den verschiedensten Zubereitungsarten.

Ein absoluter Geheimtip für Feinschmecker sind die in Essig eingelegten Aale von Comacchio.

Zu all diesen vielen regionalen Köstlichkeiten darf natürlich ein Gläschen Wein aus der Emilia-Romagna nicht fehlen. Immerhin ist die 262 Kilometer lange *Via Emilia* die „Weinstraße Italiens". Zu den bekanntesten Weißweinen zählen der *Trebbiano* aus der Gegend um Cattolica und Imola, der *Albano,* der zu Füßen des Apennin gedeiht, und der *Montuni del Reno,* der nördlich von Bologna angebaut wird. Ein hervorragender roter

Lambrusco kommt aus den Anbaugebieten rund um Modena und Parma. Der süffige, kräftigere *Sangiovese* liebt dagegen höhere Lagen am Apennin. Übrigens, Süßschnäbel schwärmen für den *Nocino,* einen hervorragenden Nußlikör aus Modena.

Stammt aus der Emilia-Romagna
Arbeitsaufwand: ca. 25 Min.
Garzeit: ca. 15 Min.

Für 4 Personen

1 Zwiebel
4 EL Butter
500 g Blattspinat
1 l Fleischbrühe
je 1 Prise Pfeffer aus der Mühle
und Salbeipulver
1 Knoblauchzehe
2 EL geriebener Parmesan
2 EL Essig
1/2 TL Salz
4 frische Eier

• Servieren Sie diese Suppe mit frischem Brot.

TIP

MINESTRA DI SPINACI CON UOVA

SPINATSUPPE MIT EI

1• Die Zwiebel schälen und fein würfeln. Sie dann für etwa 3 Minuten in 2 Eßlöffeln Butter dünsten.

2• Den Spinat sorgfältig waschen und verlesen. Ihn von Hand klein-zupfen und dann in einem Topf er-hitzen, bis er zusammenfällt. Die Fleischbrühe und die Zwiebel da-zugeben und alles zugedeckt bei schwacher Hitze erhitzen. Die Knoblauchzehe schälen und durch die Presse drücken. Die Suppe mit Pfeffer, Salbei und Knoblauch wür-zen. Die restlichen 2 Eßlöffel But-ter und den Käse dazugeben.

3• Nun ¾ l Wasser mit Essig und Salz aufkochen. Jedes Ei einzeln aufschlagen und ins kochende Was-ser gleiten lassen. 3 bis 4 Minuten pochieren.

4• Die Spinatsuppe in Suppenteller füllen und je 1 pochiertes Ei darauf geben.

ZUPPA DI POMODORO AL BASILICO

TOMATENSUPPE MIT BASILIKUM

1• Die Tomaten oben kreuzweise einschneiden und für etwa 15 Sekunden in kochendes Wasser tauchen. Sie abschrecken, enthäuten und etwas zerkleinern.

2• Die Zwiebeln schälen, fein würfeln und in der Butter andünsten. Die Tomaten dazugeben und beides etwa 30 Minuten unter öfterem Wenden bei mittlerer Hitze dünsten. Es soll ein konzentriertes Mus entstehen.

3• Die Brühe dazugeben und die Suppe im Mixer pürieren. 2 Basilikumblätter in Streifen schneiden und in die Suppe geben. Das Ganze einmal aufkochen und mit Zucker, Salz und Grappa abschmecken.

4• Die Sahne steifschlagen. Die Tomatensuppe in 4 vorgewärmte Suppentassen geben. Sie jeweils mit 1 Eßlöffel Sahne und dem restlichen Basilikum garnieren.

Stammt allgemein aus Italien
Arbeitsaufwand: ca. 25 Min.
Garzeit: ca. 35 Min.

Für 4 Personen

800 g frische, reife Tomaten
2 große Zwiebeln
1 EL Butter
$^1/_4$ l Fleischbrühe
6 frische Basilikumblätter
1 Prise Zucker
Salz
2 EL Grappa (ital. Branntwein)
4 EL Sahne

GETRÄNKETIP

trockener Weißwein,
z.B. Orvieto Classico secco
(1–2jährig)

Emilia-Romagna

TORTELLINI ALLA BOLOGNESE

TEIGTASCHEN NACH BOLOGNESER ART MIT SALBEIBUTTER

*Stammt aus der Emilia-Romagna
Arbeitsaufwand: ca. 1 Std.
Trockenzeit der Tortellini:
ca. 1 Std.
Garzeit: ca. 20 Min.*

Für 4 Personen

*Für die Füllung:
180 g mageres Schweinefleisch
180 g Kalb- oder Putenfleisch
2 EL Butter
Salz, Pfeffer aus der Mühle
25 g luftgetrockneter Schinken
(z.B. Parmaschinken)
2 EL Ricotta (ital. Frischkäse)
oder Speisequark
100 g geriebener Parmesan
1 frisches Ei
etwas Muskat*

*Für den Teig:
1 Grundrezept für Nudelteig
(S. 100)*

*Außerdem:
4 EL Butter
3–4 Salbeiblätter
Salz, Pfeffer aus der Mühle*

TIP
• Die Tortellini können Sie auch mit Tomatensauce (S. 206) servieren.

GETRÄNKETIP

roter Landwein,
z.B. Sangiovese di
Romagna
(2–3jährig)

1• Beide Fleischsorten in dünne Scheiben schneiden und separat halten. Die Butter erhitzen. Zunächst das Schweinefleisch darin anbraten. Etwa 5 Minuten später das Kalb- oder Putenfleisch hinzufügen und alles weiterbraten, bis auch dieses Farbe angenommen hat. Die Fleischstücke abkühlen lassen.

2• Das Fleisch mit Salz und Pfeffer würzen und durch die mittlere Scheibe des Fleischwolfes drehen oder mit einem großen Messer fein hacken.

3• Den Schinken in sehr kleine Stücke schneiden und mit gehacktem Fleisch, Ricotta, Parmesan und dem Ei gut mischen. Die Masse dann mit Salz, Pfeffer und Muskat abschmecken und bis zur Weiterverwendung kühl stellen.

4• Den Teig für die Tortellini nach der Zubereitungsanleitung (S. 100) zubereiten. Ihn dünn ausrollen, in etwa 5 cm breite Streifen und danach in Quadrate von 5 cm Seitenlänge schneiden.

5• In die Mitte jedes Teigquadrates etwa ½ Teelöffel Füllung geben. Nun die Quadrate zu Dreiecken falten, dabei sollten die Ränder des oberen Dreieckes nicht ganz auf dem unteren liegen, sondern etwa 3 mm zurückgesetzt sein.

6• Die Ränder der Dreiecke andrücken, damit die Füllung nicht herausquillt. Die Dreiecke so zwischen die Finger nehmen, daß die lange Kante nach unten zeigt. Nun die obere Spitze nach innen klappen und mit leichtem Druck des Zeigefingers fixieren.

7• Die beiden Ecken der langen Kante um den Zeigefinger wickeln, daß ein Ring entsteht. Die beiden Enden übereinanderlegen und fest zusammendrücken, damit der Ring geschlossen wird.

8• Die Tortellini nebeneinander auf ein Küchentuch aus Stoff legen, daß sie sich nicht berühren. Sie bis zur Weiterverwendung etwa 1 Stunde trocknen lassen. Sollten sie länger liegenbleiben, die Tortellini ab und zu wenden und darauf achten, daß sie sich nicht berühren.

9• Die Tortellini in siedendem Salzwasser 4 bis 6 Minuten kochen. Dabei öfter prüfen, ob sie gar (al dente) sind. Wenn nötig die Kochzeit um 1 bis 2 Minuten verlängern. Wenn die Tortellini gar sind, sie sofort abgießen und in einem Sieb vorsichtig schütteln, damit das Wasser abfließt.

10• Die Salbeiblätter waschen und von Hand kleinzupfen. Die Butter schmelzen lassen und den Salbei kurz andünsten. Die Salbeibutter mit Salz und Pfeffer abschmecken und auf die Tortellini träufeln.

Emilia-Romagna

LASAGNE AL FORNO

NUDELAUFLAUF

Stammt aus der Emilia-Romagna
Arbeitsaufwand: ca. 1 Std.
Garzeit: ca. 2 Std.
Zeit zum Überbacken:
20–25 Min.

Für 4 Personen

*Für die Bologneser Sauce
(Grundrezept für Ragù alla
bolognese):*
100 g Pancetta (ital. Bauchspeck) oder Frühstücksspeck
1 große Zwiebel
1 große Karotte
1 Stange Staudensellerie
100 g Butter
300 g grob gehacktes Rindfleisch
1 gehäufter EL Tomatenmark
1 Stück unbehandelte
Zitronenschale
$1/8$ l Weißwein
ca. $1/2$ l Fleischbrühe
Salz, Pfeffer aus der Mühle
Muskat
2 EL Sahne

Für die Béchamelsauce:
4 EL Butter
3 EL Mehl
$1/2$ l Milch
Salz, weißer Pfeffer aus der
Mühle

Außerdem:
500 g gekaufte weiße
Lasagneblätter
Salz
100 g geriebener Parmesan
5 EL Butter

*• Die Bologneser Sauce paßt sehr
gut zu Teigwaren. Sie wird aber
erstaunlicherweise in Italien selten
zu Spaghetti serviert.*

1• Für die Bologneser Sauce die Zwiebel, die Karotte und den Sellerie putzen, schälen und würfeln.

2• Die Butter in einer großen Pfanne erhitzen und die Pancetta-würfel sowie die Gemüse-stückchen darin unter Wenden an-dünsten. Das Fleisch hinzufügen und alles leicht anbraten. Dann das Tomatenmark und die Zitronen-schale dazugeben.

3• Den Wein dazugießen, ihn et-was einkochen lassen und dann knapp $1/2$ l Fleischbrühe angießen. Etwas Brühe übriglassen. Das Ganze mit Salz, Pfeffer und wenig Muskat würzen und 1 bis $1 1/2$ Stun-den im geschlossenen Topf bei schwacher Hitze schmoren lassen. Dabei ab und zu prüfen, ob noch genügend Flüssigkeit vorhanden ist. Wenn nötig, noch etwas Brühe dazugießen.

4• Inzwischen die Béchamelsauce zubereiten. Dazu die Butter in ei-nem Topf bei schwacher Hitze zer-lassen. Das Mehl auf die flüssige Butter stäuben und unter Rühren anschwitzen.

5• Sobald sich Butter und Mehl verbunden haben und diese Mi-schung leicht schäumt, den Topf von der Kochstelle ziehen.

6• Die Milch nach und nach unter ständigem Rühren dazugießen und die Mehlschwitze klümpchenfrei damit verrühren.

7• Die Sauce kräftig rühren und zugedeckt etwa 10 Minuten bei schwacher Hitze köcheln lassen.

8• Die Lasagneblätter in reichlich kochendem Salzwasser in etwa 7 Minuten „al dente" kochen. Sie danach abgießen, gut abtropfen lassen und bis zur Weiterverwen-dung auf einem Küchentuch aus Stoff ausbreiten.

9• Eine große rechteckige feuer-feste Form (30–40 cm lang) mit 2 Eßlöffeln Butter einfetten. Den Ofen auf 200°C vorheizen.

10• Die Béchamelsauce nach ihrer Garzeit mit Salz und Pfeffer ab-schmecken und beiseite stellen.

11• Die Bologneser Sauce kurz vor Ende ihrer Garzeit noch einmal aufkochen lassen und dann die Zi-tronenschale herausnehmen. Zum Schluß die Sahne dazugeben und alles noch einmal mit den Gewür-zen abschmecken.

12• Nun den Boden der gefetteten Form mit 1 Schicht Lasagneblät-tern auslegen. Dann lagenweise Bologneser Sauce und Béchamel-sauce darauf geben und alles mit etwas Parmesan bestreuen. 1 Lage Lasagneblätter darauf schichten und auf diese Weise fortfahren, bis alle Zutaten aufgebraucht sind, da-bei sollte die Béchamelsauce mit dem restlichen Parmesan die letzte Schicht bilden. Darauf 3 Eßlöffel Butter in Flöckchen geben und die Lasagne auf der mittleren Schiene in 20 bis 25 Minuten goldbraun überbacken.

Emilia-Romagna

MAIALE AL LATTE

MILCHBRATEN NACH BOLOGNESER ART

Stammt aus der Emilia-Romagna
Arbeitsaufwand: ca. 20 Min.
Garzeit: ca. 2 ¹/₂ Std.

Für 6 Personen

¹/₂ Stange Lauch
1 Knoblauchzehe
2 EL Olivenöl
2 EL Butter
1,2 kg Schweinefleisch (Schulter oder Karree) ohne Knochen
Salz, Pfeffer aus der Mühle
8 Salbeiblätter
1 mit 1 Lorbeerblatt und
1 Gewürznelke gespickte Zwiebel
ca. 1l Milch

┌ GETRÄNKETIP ┐

roter Landwein, z.B. Sangiovese di Romagna (2–3jährig)

1• Den Lauch putzen, waschen und in Scheiben schneiden. Die Knoblauchzehe schälen und durch die Presse drücken. Das Öl zusammen mit der Butter in einem großen Bräter erhitzen, dabei darf die Butter nicht schäumen. Das Fleisch salzen, pfeffern und ins heiße Fett geben. Die Salbeiblätter und die Zwiebel zusammen mit dem Lauch und dem Knoblauch dazugeben. Das Ganze dann bei mittlerer Hitze unter mehrmaligem Wenden anbraten.

2• Die Milch in einem separaten Topf aufkochen. Ungefähr ¹/₄ l langsam zum Fleisch gießen. Nun die Temperatur auf die niedrigste Stufe schalten und das Fleisch im geschlossenen Topf etwa 2 Stunden schmoren. Währenddessen den Braten ab und zu wenden und, sobald die Milch dickflüssig eingekocht ist, wiederum ¹/₄ l Milch zum Braten geben. Den Topf wiederum schließen und weitergaren, bis die Milch eingedickt ist.

3• Auf diese Art fortfahren, bis die ganze Milch dick eingekocht und das Fleisch gar ist.

4• Das Fleisch sowie die Salbeiblätter und die Zwiebel aus dem Topf nehmen. Das Fleisch warm stellen. Sollte sich im Topf sichtbar Fett abgesetzt haben, dieses mit Hilfe eines Löffels entfernen oder mit Küchenpapier aufsaugen.

5• Etwa 2 Eßlöffel heißes Wasser in den Topf geben und den Bratenfond vom Topfboden loskochen. Wenn die Sauce durch die Milch grießig geworden sein sollte, die Sauce aufmixen, bis sie wieder glatt ist. Sie zum Schluß mit Salz und Pfeffer würzen.

6• Das Fleisch in Scheiben schneiden und zusammen mit der Sauce servieren.

Variationen

• Dieser Braten läßt sich auch mit Kalbfleisch zubereiten.

• Die Salbeiblätter kann man durch einen Rosmarinzweig ersetzen.

Stammt aus der Emilia-Romagna
Arbeitsaufwand: ca. 15 Min.
Garzeit: ca. 30 Min.

Für 4 Personen

Für die Kalbskoteletts:
4 Kalbskoteletts à 180 g
Salz, Pfeffer aus der Mühle
1 EL Butter

Für die Marsalasauce:
1 Schalotte
2–3 Salbeiblätter
100 ml Marsala (Dessertwein)
¹/4 l Kalbsfond (aus dem Glas)
Salz, Pfeffer aus der Mühle

┌─ **GETRÄNKETIP** ─┐

trockener Rotwein,
z.B. Colli Bolognesi
(3–8jährig)

└ ─ ─ ─ ─ ─ ─ ─ ─ ┘

COSTOLETTE DI VITELLO AL MARSALA

KALBSKOTELETTS MIT MARSALASAUCE

1• Die Kalbskoteletts salzen und pfeffern und in der heißen Butter unter öfterem Wenden in 6 bis 8 Minuten goldbraun braten. Sie dann auf ein Abtropfgitter legen und warm halten.

2• Die Schalotten fein schneiden und zusammen mit den Salbeiblättern in den Bratenfond geben. Beides darin dünsten und dabei mehrmals mit etwa zwei Dritteln des Marsalas ablöschen.

3• Nun das Ganze mit dem Kalbsfond auffüllen und mindestens auf die Hälfte einkochen lassen.

4• Den restlichen Marsala dazugeben und die Sauce abschließend mit Salz und Pfeffer abschmecken.

5• Die Koteletts zusammen mit der Sauce auf 4 Tellern anrichten.

SPINACI DI MAGRO

SPINAT NACH ART DER ROMAGNA

1• Die Rosinen für etwa 1 Stunde in lauwarmes Wasser einlegen.

2• Inzwischen den Spinat sorgfältig waschen und verlesen, dabei die Stiele entfernen. Die Blätter tropfnaß in einen Topf geben und ohne Zugabe von Flüssigkeit aufkochen. Die Spinatblätter danach abtropfen lassen und ausdrücken.

3• Die Knoblauchzehe schälen und halbieren. Das Olivenöl in einem Topf erhitzen und Knoblauch sowie Petersilie dazugeben.

4• Den Spinat und die gut abgetropften Rosinen dazugeben und unter Wenden so lange andünsten, bis alle Flüssigkeit verdampft ist.

5• Den Knoblauch je nach Geschmack aus dem Gemüse nehmen. Zum Schluß alles mit Salz, Pfeffer und Zucker abschmecken.

Variation

• Eine üppige Variante erhalten Sie, wenn Sie Rosinen und Petersilie durch 2 bis 3 gehackte Sardellen, 1 Knoblauchzehe und 1 Eßlöffel geriebenen Parmesan ersetzen.

Stammt aus der Emilia-Romagna
Arbeitszeit: ca. 35 Min.
Einlegezeit der Rosinen:
ca. 1 Std.
Garzeit: ca. 15 Min.

Für 4 Personen

50 g Rosinen
1 kg Blattspinat
2 EL Olivenöl
1 Knoblauchzehe
2 EL gehackte Petersilie
Salz, Pfeffer aus der Mühle
1 Prise Zucker

Stammt aus der Emilia-Romagna
Arbeitsaufwand: ca. 20 Min.
Garzeit: ca. 5 Min.
Kühlzeit: 2–3 Std.

Für 4 Personen

Für die Creme:
4 Blatt weiße Gelatine
250 g Sahne, ¹/₄ l Milch
1 Stange Zimt
3 EL Zucker
¹/₂ TL abgeriebene unbehandelte Zitronenschale

Für die Sauce:
200 g Himbeeren
2 EL Puderzucker

Außerdem:
Butter und Puderzucker für die Förmchen
einige Pfefferminzblätter
50 g Himbeeren

PANNA COTTA

GESTÜRZTE SAHNECREME

1• Die Gelatine in kaltem Wasser einweichen. Inzwischen die Himbeeren waschen, durch ein feinmaschiges Sieb passieren und mit dem Puderzucker verrühren.

2• Die Sahne zusammen mit Milch, Zimt, Zucker und Zitronenschale etwa 5 Minuten bei schwacher Hitze kochen, danach vom Herd nehmen.

3• Die Gelatine ausdrücken und in der noch heißen Flüssigkeit auflösen. Die Sahnecreme durch ein Sieb gießen und abkühlen lassen.

4• Mit der Butter 4 Dessertförmchen einfetten und anschließend mit dem Puderzucker ausstäuben.

Die Sahnecreme in die Förmchen geben und zum Erstarren 2 bis 3 Stunden kühl stellen.

5• Kurz vor dem Servieren die Förmchen in warmes Wasser stellen und mit einem spitzen Messer am Innenrand entlangfahren. Nun die Sahnecreme aus den Förmchen stürzen und mit der Himbeersauce umgießen. Das Dessert mit Minze und Himbeeren garnieren.

ZUPPA INGLESE AI TRE COLORI

GESCHICHTETE CREMESPEISE IN DREI FARBEN

1• Die Milch, bis auf 2 Eßlöffel, mit 50 g des Zuckers und der aufgeschlitzten Vanilleschote aufkochen und dann abkühlen lassen. Den restlichen Zucker zusammen mit den Eigelben zu einer Creme aufschlagen und die Milch darunterrühren.

2• Die Creme in einen Topf geben und unter ständigem Rühren bis knapp unter den Siedepunkt erhitzen. Die Stärke mit 1 bis 2 Eßlöffeln Milch verrühren, zur Creme geben und alles weiterkochen, bis die Creme gebunden ist.

3• Die Schokolade fein raspeln. Den Kuchenteig in 3 Scheiben schneiden und mit dem Alchermes oder dem Rum beträufeln. Die Hälfte der noch warmen Creme mit der Schokolade mischen.

4• Nun in eine runde, hohe Schale schichtweise Kuchenteig, Vanillecreme, Marmelade und Schokocreme einschichten. Das Ganze für etwa 2 Stunden kühl stellen.

5• Die Sahne mit 1 Eßlöffel Zucker steifschlagen und auf das Dessert Sahnetupfen setzen.

Stammt aus der Emilia-Romagna
Arbeitsaufwand: ca. 1 Std.
Kühlzeit: ca. 2 Std.

Für 4 Personen

Für die Cremeschicht:
$^1/_2$ l Milch
150 g Zucker
1 Vanilleschote
4 frische Eigelbe
2 TL Speisestärke
50 g dunkle Schokolade

Für die Teigschicht:
250 g Pan di Spagna
(süßer italien. Sandkuchenteig)
oder Brioche oder Löffelbiskuits
3 EL Alchermes (roter Gewürzlikör) oder Rum

Außerdem:
200 g Kirschmarmelade
200 g Sahne, 1 EL Zucker

Umbrien, Marken, Abruzzen und Molise

Umbrien, Marken, Abruzzen und Molise

Goldfarbene, feinsandige Strände, einsame Buchten und azurblaues Wasser auf der einen Seite, steile Schluchten, karge Berge und entlegene Dörfchen auf der anderen Seite: Auch wenn die vier in der Mitte Italiens gelegenen Regionen landschaftlich durchaus unterschiedlich sind – ihre Küche bietet viele Gemeinsamkeiten. Sie ist einfach und bodenständig und hat im Laufe der Jahre ihren eigenen Charakter bewahrt.

Kostbarkeiten aus Wald, Feld und Meer

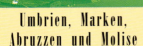
WO ES
HAUSMANNSKOST
ALL'ITALIANA
GIBT

Meeresbrise und
Fischspezialitäten

Wir sitzen in einer kleinen *trattoria* auf der Piazza della Republica, dem „Pulsschlag" von Ancona. Unten am Hafen herrscht hektisches Treiben. Schließlich ist Ancona nicht nur die Hauptstadt der Region Marken, sondern auch mit seinen vielen Fährverbindungen Italiens „Tor zur Welt". Der Bummel durch die Altstadt, die sich wie ein Amphitheater um den Hafendamm rankt, hat uns hungrig gemacht.

Und so stärken wir uns mit einem *brodetto all'anconetana,* einer würzigen Fischsuppe mit mindestens 9 verschiedenen Fischsorten. Sie bekommt durch Tomaten, Knoblauch, Petersilie, Olivenöl und einen Schuß Weinessig ihren unverwechselbaren Geschmack. Diese Suppe konkurriert übrigens mit dem *brodetto* aus Porto Recanati, bei dem goldbraun gebratene Fische in einem Safransud schwimmen. Neben all diesen köstlichen Suppen darf natürlich die *zuppa dei pescatori* (Rezept S. 104) nicht fehlen.

Sowieso ist die Adriaküste dieser Region ein wahres Paradies für Fischfans. Da gibt es Seezungen, Rotbarben, Sardinen, ja sogar Stockfisch und Meeresschnecken, eine ganz besondere Spezialität.

Nudeln – ganz rustikal

Je weiter man westlich ins Landesinnere kommt, desto rauher wird die Landschaft. Die breiten Täler mit ihren lieblichen Hügeln, auf denen mittelalterliche Wehranlagen trutzen, werden zum Gebirge hin immer steiler und bilden schließlich rauhe Schluchten. In diesem ländlichen Gebiet ißt

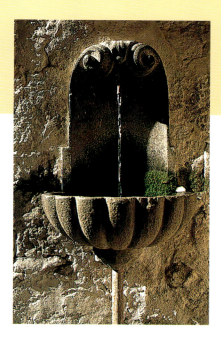

Wir bummeln über die Piazza IV Novembre und bestaunen die Fontana Maggiore, einen der schönsten Brunnen des 13. Jahrhunderts. Auch den Erzbischöflichen Palast mit dem Naturhistorischen Museum und die Kathedrale San Lorenzo aus dem 15. Jahrhundert sehen wir uns an.

Aus Perugia kommt aber auch das Glanzstück der umbrischen Küche, die *porchetta*. Dafür wird ein Spanferkel im Ganzen mit wildem Fenchel, Knoblauch, Rosmarin und Lorbeer gefüllt und dann am Spieß gebraten.

Überhaupt gehört der Spieß zu den wichtigsten Haushaltsgeräten in einer umbrischen Küche. Denn auch Zicklein und Lamm sowie vor allem Wildgeflügel werden auf diese Art zubereitet und mit einer pikanten Sauce aus Olivenöl, Wein, Knoblauch, Gewürznelken und schwarzen Oliven serviert.

Übrigens gehört das grünliche umbrische Olivenöl zu den besten Ölen Italiens.

Von Perugia lohnt sich ein Abstecher in das nur 14 Kilometer südöstlich gelegene Assisi. Die mittelalterliche Stadt verdankt ihren Ruhm dem Heiligen Franziskus und gehört heute zu den bedeutendsten Wallfahrtsstätten Italiens.

man äußerst rustikal. Das beste Beispiel dafür ist der *vincisgrassi*. Das ist ein üppiger Auflauf mit Nudelplatten, die mit einem Ragout aus Hühnerleber, Pilzen und Schinken gefüllt und mit einer Béchamelsauce überbacken werden. Aber auch Wildgeflügel, Kaninchen sowie Wurst- und Schinkenwaren schätzt man in dieser Region. Köstlich schmeckt der Wild-

hase nach Jägerart (Rezept S. 106), der in einer aromatischen Marinade eingelegt wird, bevor man ihn schmort.

Porchetta aus Perugia

Perugia, die berühmte Universitätsstadt und Hauptstadt der Region Umbrien, ist unser nächstes Ziel.

Umbrien, Marken, Abruzzen und Molise

Die dicksten Karpfen und Aale satt

Rund 30 Kilometer westlich von Perugia, inmitten der sanften Hügellandschaft, liegt der Lago de Trasimeno, der größte See Mittelitaliens. Er liefert Süßwasserfische satt: köstliche Plötze (Rotaugen), Forellen, Flußbarsche, Meeräschen, Aale und angeblich die dicksten Karpfen Italiens.

Wo edle Trauben wachsen

Umgeben von fruchtbaren Feldern und Weinbergen liegt ganz malerisch auf einem kleinen Hügel das Städtchen Orvieto. Hier wächst der wohl bekannteste Wein Umbriens. Der frische, strohgelbe *Orvieto* wird hauptsächlich aus der Rebsorte Trebbiano toscano gekeltert.

Probierenswert sind aber auch die Rot- und Weißweine vom Lago Trasimeno und aus der Gegend von Perugia sowie der frische weiße *Verdicchio dei Castelli di Jesi* aus Marken, der in amphorenähnlichen Flaschen abgefüllt wird.

Schwarze Trüffeln aus Norcia

Er liegt hier überall in der Luft, der aromatische Duft von Schinken und Würsten. Und im Winter kommt der etwas muffige von Trüffeln dazu. Norcia, die kleine Stadt in den umbrischen Bergen, gilt als der Geheimtip für Feinschmecker.

Der delikate Schinken stammt übrigens von kleinen schwarzen Schweinen, die mit Kastanien gefüttert werden. Berühmt ist übrigens auch die *mazzafegato*, eine mit Knoblauch, Sultaninen und Pinienkernen zubereitete Leberwurst.

Zu den feinsten Kostbarkeiten der Stadt zählen jedoch die schwarzen Trüffeln *(tartufi di Norcia)*. Angeblich sind sie die besten Italiens. Und so ist ein ausgiebiger Bummel durch die vielen Delikatessenläden der Stadt einfach ein „Muß", ehe wir uns auf die abenteuerliche Weiterfahrt in die Region Abruzzen machen.

Bei Bären, Gemsen und Schafen

Sie sind der wildeste und zugleich höchste Teil des Apennin – die Abruzzen. Immerhin erreicht das Massiv des Gran Sasso fast eine Höhe von 3000 Metern. Und südlich davon erstreckt sich auf einer Fläche von fast 4000 Quadratkilometern unberührte Natur.

Wir sind im Parco Nationale d'Abruzzo, dem ältesten Nationalpark Italiens. Die Wanderwege führen uns durch dichte Buchenwälder. Mit etwas Glück kann man hier noch den scheuen Apennin-Braunbären, der sich ganz harmlos nur von Beeren und Insekten ernährt, die Abruzzen-Gemse, den Apennin-Luchs, Wölfe, Steinadler und Ottern sehen.

Eines sieht man aber mit Sicherheit: unzählige Schafherden, die noch wie vor Hunderten von Jahren im Frühjahr auf die höher gelegenen Weiden der Abruzzen getrieben werden. Und es sind vor allem die Schäfer, die die Küche dieser Region beeinflußt haben. So zum Beispiel mit einem deftigen Lammragout, der klassischen Beilage zu den *maccheroni,* die hier keine Röhren-, sondern Bandnudeln sind.

Oft werden sie mit dem Zusatz „alla chitarra" versehen, weil sie auf einem mit Drähten bespannten Gerät geschnitten werden. Ein Schauspiel, das man sich nicht entgehen lassen sollte, ist die Herstellung von Nudeln „alla molinara", auch *strangolapreti* genannt. Durch kunstvolle Handgriffe werden die Nudeln bis zu einer Länge von 50 Metern ausgezogen und blitzschnell wieder zusammengefaßt, bis sie wie ein Wollstrang aussehen.

Küche ohne Schnörkel

Die Küche im Landesinneren der Regionen Abruzzen und Molise kennt keine Raffinesse, sie ist einfach, aber dennoch ausgesprochen würzig. Hülsenfrüchte, Kürbis, mit Knoblauch gebratener Kohl, *polenta,* Hähnchen, Lamm, Zicklein, Schweine- und Lammfleisch stehen auf dem Speisezettel.

Alles wird äußerst pikant abgeschmeckt mit *peperoncini,* den höllisch scharfen Pfefferschoten. Diese fehlen übrigens auch nicht in den vielen Fischsuppen, die an der Küste der Molise zubereitet werden, und von denen jede besser als die andere schmeckt. Probieren geht hier über Studieren!

Das Fazit unserer Reise durch diese vier Regionen Mittelitaliens: So unterschiedlich sie auch sind, eines haben sie gemeinsam: ihre Vorliebe für Süßes. In Umbrien sind es die süßen hausgemachten Nudeln mit Nüssen, in der Molise die *pizza dolce,* ein mit Creme gefüllter Biskuit, der bunt bemalt wird. Diese süße Pizza wird auch in leicht abgewandelter Form gerne in Umbrien gegessen (Rezept S. 111). Naschkatzen kennen eben keine Landesgrenzen.

Umbrien, Marken, Abruzzen und Molise

Stammt aus den Abruzzen
Arbeitsaufwand: ca. 15 Min.

Für 4 Personen

6 feste Fleischtomaten
Salz
schwarzer Pfeffer aus der Mühle
4 EL kaltgepreßtes Olivenöl
1 EL Rotweinessig
8 Basilikumblätter
4 Frühlingszwiebeln

• *Sie können diesem Salat einen aro-*
matischeren Geschmack verleihen,
wenn Sie den Rotweinessig mit ein
wenig Balsamicoessig mischen.

TIP

INSALATA DI POMODORO CON CIPOLLINE

TOMATENSALAT MIT FRÜHLINGSZWIEBELN

1• Die Tomaten waschen und in Scheiben schneiden. Sie mit etwas Salz bestreuen und für etwa 10 Minuten ruhen lassen.

2• Den ausgetretenen Tomatensaft abgießen und die Tomaten mit dem Olivenöl und dem Essig beträufeln. Den schwarzen Pfeffer direkt aus der Mühle auf die Tomaten mahlen.

3• Das Basilikum waschen, zerzupfen und auf den Tomaten verteilen. Die Frühlingszwiebeln putzen, waschen und in dünne Ringe schneiden. Diese dann auf dem Salat verteilen.

GETRÄNKETIP

trockener Rosé, z.B. Montepulciano d'Abruzzo Cerasuolo (1–2jährig)

BUDINO DI POMODORO

TOMATENMOUSSE MIT GARNELEN

1• Die Gelatine nach der Packungsbeschreibung in kaltem Wasser einweichen.

2• Die Tomaten vierteln und entkernen. Das Fruchtfleisch gut ausdrücken und durch ein feinmaschiges Sieb passieren. Das Tomatenpüree mit dem Tomatenmark mischen und mit Salz, Pfeffer, Cayennepfeffer und Zucker abschmecken.

3• Die Gelatine ausdrücken, im warmen Wasserbad auflösen und unter die Tomaten rühren. Das Ganze etwa 20 Minuten ruhen lassen.

Den Mascarpone unter die Masse ziehen und diese in 4 Portionsförmchen (je etwa 100 ml Fassungsvermögen) füllen. Alles für etwa 60 Minuten kalt stellen.

4• Die Garnelen kurz in leicht gesalzenem Wasser aufkochen. Die Zitrone in Scheiben schneiden und die Salatblätter waschen.

5• Zum Servieren die Förmchen kurz in warmes Wasser stellen. Die Mousse am Rand leicht lösen und auf Teller stürzen. Jede Portion mit 1 Garnele, Zitronenscheiben und 1 Salatblatt garnieren.

Stammt allgemein aus Italien
Arbeitsaufwand: ca. 20 Min.
Kühlzeit: ca. 1 Std.

Für 4 Personen

Für die Mousse:
4 Blatt weiße Gelatine
4 mittelgroße, geschälte Tomaten (aus der Dose)
50 g Tomatenmark
Salz, Pfeffer aus der Mühle
Cayennepfeffer
1 Prise Zucker
200 g Mascarpone (ital. Frischkäse)

Außerdem:
4 vorgegarte Garnelen (TK-Ware)
1 unbehandelte Zitrone
4 große Salatblätter (z.B. Endivien- oder Kraussalat)

Umbrien, Marken, Abruzzen und Molise

FETTUCCINE ALL'ABRUZZESE

BANDNUDELN NACH ART DER ABRUZZEN

Stammt aus den Abruzzen
Arbeitsaufwand: ca. 40 Min.
Ruhezeit des Nudelteiges:
ca. 1 Std.
Trockenzeit des Nudelteiges:
ca. 30 Min.
Garzeit: ca. 30 Min.

Für 4 Personen

Für den Nudelteig
(Grundrezept):
300 g Mehl
3 frische Eier
Salz

Für die Sauce:
100 g Pancetta (ital. Bauch-
speck) oder Frühstücksspeck
1 mittelgroße Zwiebel
2 EL kaltgepreßtes Olivenöl
1 EL gehackte Petersilie
1 Knoblauchzehe
8 feingeschnittene
Basilikumblätter
4–5 EL Fleischbrühe
Salz, Pfeffer aus der Mühle
100 g geriebener Pecorino
(ital. Hartkäse aus Schafsmilch)

TIPS

• *Es gibt sehr gute mechanische Nudelwalzen, die Ihnen das etwas mühsame Ausrollen des Teiges erleichtern.*

• *Ist der Teig zu fest, kann man 1 Eßlöffel Öl darunterkneten.*

1• Das Mehl in eine große Schüssel sieben und in der Mitte eine Mulde bilden. Die Eier kurz verquirlen und in die Mulde geben. Sie mit wenig Salz bestreuen und mit etwas Mehl vom Rand verrühren.

2• Ständig Mehl unterarbeiten, bis alles zusammen einen dicken Brei ergibt. Danach das Ganze mit den Händen zu einem festen Teig verkneten.

3• Den Teig in 2 bis 3 Stücke teilen und jeden Teil nochmals einzeln durchkneten, bis er glatt ist. Den Teig mit einem Tuch abdecken und etwa 60 Minuten ruhen lassen.

4• Anschließend den Nudelteig auf einer bemehlten Arbeitsfläche mit Hilfe eines Nudelholzes 1 bis 2 mm dünn ausrollen. Ihn dann für die Bandnudeln in etwa 2 cm breite Streifen schneiden. Diese auf einem bemehlten Küchentuch aus Stoff ausbreiten und etwa 30 Minuten trocknen lassen.

5• Inzwischen die Pancetta fein hacken. Die Zwiebel schälen und in feine Würfel schneiden. Das Olivenöl in einer großen Pfanne erhitzen und darin die Pancetta und die Zwiebel andünsten. Die Knoblauchzehe schälen, durch die Presse drücken und zusammen mit dem Basilikum in die Pfanne geben.

6• Das Ganze bei schwacher Hitze etwa 20 Minuten weiterdünsten. Gelegentlich etwas Fleischbrühe dazugeben und zum Schluß die Sauce mit Salz und Pfeffer abschmecken.

7• Die Nudeln in Salzwasser in 1 bis 2 Minuten bißfest garen, abgießen und abtropfen lassen. Sie dann mit der Sauce mischen und die Hälfte des Pecorinos darauf streuen. Den restlichen Käse am Tisch nach Belieben auf die Nudeln geben.

Variation

• Nudelteig läßt sich farblich und geschmacklich sehr vielfältig variieren: Grünen Nudelteig stellt man durch die Zugabe von etwas feingehacktem Spinat her. Roten oder gelben Nudelteig bekommen Sie, wenn Sie zum Teig etwas Tomatenmark, Safran oder Kurkuma in etwa 1 Teelöffel Wasser aufgelöst, dazugeben.

GETRÄNKETIP

trockener Roséwein, z.B. Montepulciano d'Abruzzo Cerasuolo (1–2jährig)

101

RAVIOLI ALL'ORTICA

BRENNESSELRAVIOLI

*Stammt aus Umbrien
Arbeitsaufwand: ca. 1 Std.
Ruhezeit des Teiges: ca. 1 Std.
Garzeit: ca. 15 Min.*

Für 4 Personen

*Für den Teig:
1 Grundrezept Nudelteig
(S. 100)
1–2 EL Olivenöl*

*Für die Füllung:
500 g junge Brennesselblätter
1 kleine Zwiebel
2 Knoblauchzehen
2–3 EL Olivenöl
100 ml Hühnerbrühe
Salz, Pfeffer aus der Mühle
Muskat*

*Außerdem:
1 frisches Eiweiß
4 EL Butter*

TIP

• *Sie können die Brennesseln durch
eine Füllung aus je zur Hälfte
saurer Sahne und Spinat ersetzen.*

1• Nach der Zubereitungsanweisung (S. 100) aus den Zutaten für das Grundrezept Nudelteig zusammen mit dem Öl einen elastischen Teig herstellen und diesen ungefähr 1 Stunde abgedeckt ruhen lassen.

2• Inzwischen die Brennesselblätter waschen und zerzupfen. Die Zwiebel und die Knoblauchzehen schälen. Die Zwiebel fein würfeln und den Knoblauch durch die Presse drücken. Beides im Olivenöl glasig dünsten, dann die Brennesselblättchen dazugeben und mitdünsten. Die Hühnerbrühe dazugießen und alles etwa 5 Minuten köcheln lassen.

3• Anschließend die Masse in ein Sieb geben und sorgfältig ausdrücken, damit die überschüssige Flüssigkeit abtropfen kann. Sie dann mit Salz, Pfeffer und Muskat abschmecken und abkühlen lassen.

4• Den Teig mit Hilfe eines Nudelholzes oder einer mechanischen Nudelwalze dünn ausrollen und mit einem Ausstechförmchen Kreise von etwa 6 cm Durchmesser ausstechen.

5• In die Mitte der Teigkreise jeweils etwa 1 Teelöffel der Brennesselmasse geben. Die Ränder mit Eiweiß bestreichen und zu Halbmonden zusammenfalten. Dabei die Ränder fest andrücken.

6• Die Ravioli in kochendes Salzwasser geben und darin 2 bis 3 Minuten kurz kochen.

7• In der Zwischenzeit die Butter zerlassen und hellbraun werden lassen.

8• Die Ravioli in einem Sieb abtropfen lassen, auf 4 Tellern anrichten und mit etwas brauner Butter beträufeln.

┌─ **GETRÄNKETIP** ─┐

*trockener Rotwein,
z.B. Torgiano Rosso
(3–5jährig)*

BRODETTO DEI PESCATORI

FISCHSUPPE
NACH ADRIATISCHER ART

*Stammt aus den Marken
Arbeitsaufwand: ca. 40 Min.
Garzeit: ca. 50 Min.
Zeit zum Wässern der Muscheln:
1–2 Std.*

Für 4 Personen

*800 g Miesmuscheln
400 g Venusmuscheln (Vongole)
400 g Filets von Mittelmeer-
fischen (z.B. Meeraal, Hecht,
Meeräsche, Rotbarsch,
Seeteufel), ohne Gräten
400 g gemischte kleine
Tintenfische (z.B. Polpo,
Calamaro, Seppia)
4 EL Olivenöl
800 ml Wasser
2 Knoblauchzehen
2 geschälte Tomaten
(aus der Dose)
1 Lorbeerblatt
200 ml trockener Weißwein
3 EL gehackte Petersilie
Salz, Pfeffer aus der Mühle
4 Scheiben Weißbrot*

TIP

• *Für die Fischsuppe können Sie
2 große, gewürfelte Zwiebeln
zusammen mit den Tomaten andünsten. Die Zubereitungsart ist in
manchen Orten an der Adria weit
verbreitet.*

1• Die beiden Muschelsorten gründlich waschen und die vorhandenen Bärte herausziehen. Bereits geöffnete Muscheln wegwerfen, denn sie sind verdorben. Die Venusmuscheln 1 bis 2 Stunden wässern.

2• Das Fischfleisch in Würfel schneiden. Die Tintenfische sorgfältig waschen. Die Köpfe zusammen mit den Fangarmen und den Eingeweiden aus den Körpersäcken ziehen. Die Köpfe abschneiden, die Eingeweide und bei den Seppie auch die Tintensäcke vorsichtig entfernen. Die Körpersäcke gründlich waschen und diese sowie die Fangarme verwenden, größere Tintenfische in Ringe schneiden.

3• Nachdem die Venusmuscheln gewässert sind, in 2 großen Töpfen die beiden Muschelsorten zusammen mit je 1 Eßlöffel Öl separat dünsten und die Hälfte des Wassers angießen. Die Muscheln bei mittlerer Hitze garen, bis sich die Schalen öffnen. Danach geschlossene Muscheln wegwerfen. Die restlichen bis zur Weiterverwendung im Kochsud in den Töpfen belassen.

4• In der Zwischenzeit die Knoblauchzehen schälen und durch die Presse drücken. Die geschälten Tomaten etwas zerkleinern. Die restlichen 2 Eßlöffel Olivenöl in einem hohen Topf zusammen mit etwa der Hälfte des Knoblauchs, dem Lorbeerblatt und den kleingeschnittenen Tomaten andünsten. Nach etwa 2 Minuten den Wein

und 400 ml Wasser dazugießen und das Ganze ungefähr 10 Minuten köcheln lassen.

5• Danach die Polpi und die Seppie in die Sauce geben und etwa 30 Minuten garen.

6• Nun die Calamari dazugeben. Den Kochsud der Muscheln nach und nach dazugießen. Sollte er sandig sein, ihn zuvor durch einen Kaffeefilter absieben.

7• Zum Schluß die Fischstücke, den restlichen Knoblauch und die Petersilie zu den Tintenfischen geben. Das Ganze nochmals zum Kochen bringen und mit Salz sowie Pfeffer abschmecken. Das Lorbeerblatt aus der Suppe nehmen.

8• Die Brotscheiben im Toaster oder im Backofen hellgelb rösten.

9• Je 1 Brotscheibe in einen Suppenteller geben, die beiseite gestellten Muscheln darauf verteilen und die Fischsuppe angießen.

GETRÄNKETIP

*trockener Weißwein,
z.B. Verdicchio
dei Castelli di Jesi
(1–2jährig)*

LEPRE
ALLA CACCIATORA
WILDHASE NACH JÄGERART

Stammt aus Umbrien
Arbeitsaufwand: ca. 35 Min.
Marinierzeit: ca. 24 Std.
Schmorzeit: ca. 40 Min.

Für 4 Personen

Für die Marinade:
1 Zweig Rosmarin
1 Zweig Salbei
3 Lorbeerblätter
1 kleiner Zweig Sellerieblätter
2 Knoblauchzehen
10 schwarze Pfefferkörner
1 l weißer Landwein

Für den Wildhasen:
1 Wildhase, küchenfertig gekauft
und in 4 Stücke zerteilt
100 ml Olivenöl
Salz, Pfeffer aus der Mühle
³/₄ l kräftiger Rotwein
¹/₈ l Fleischbrühe

1• Für die Marinade die Kräuterzweige und die Sellerieblätter waschen, die Knoblauchzehe schälen und grob zerkleinern. Die Pfefferkörner ebenfalls grob zerdrücken

und alles mit dem Weißwein aufgießen. Die Fleischstücke in eine große, flache Schüssel legen und mit der Marinade bedecken. Das Fleisch etwa 24 Stunden zugedeckt im Kühlschrank marinieren lassen.

2• Die Fleischstücke aus der Marinade nehmen und mit Küchenpapier trockentupfen.

3• Das Olivenöl in einer Kasserolle erhitzen und das Fleisch darin anbraten. Inzwischen die Marinade absieben und nur die Kräuter und Gewürze zum Fleisch geben. Nun das Ganze salzen und pfeffern.

4• Das Fleisch in der Kasserolle zugedeckt bei schwacher Hitze etwa 15 Minuten schmoren lassen. Nach dieser Zeit nach und nach den Rotwein dazugeben. Erst wieder Wein angießen, wenn dieser stark eingekocht ist. Nach etwa 40 Minuten überprüfen, ob das Fleisch gar ist.

5• Das Fleisch herausnehmen und den Bratensatz zusammen mit dem restlichen Rotwein und etwas Fleischbrühe stark einkochen lassen. Die Sauce zum Wildhasenfleisch reichen.

GETRÄNKETIP

trockener Rotwein,
z.B. Rosso di
Torgiano
(3–8jährig)

TIP
• *In den Abruzzen serviert man
Polenta oder getoastetes Landbrot
dazu.*

Stammt aus den Marken
Arbeitsaufwand: ca. 25 Min.
Garzeit: ca. 35 Min.
Ruhezeit des Teiges: ca. 1 Std.

Für 4 Personen

Für den Backteig:
1/4 l Weißwein oder Wasser
80 g Mehl
1 frisches Ei
Salz, Pfeffer aus der Mühle

Außerdem:
1 großer Blumenkohl (ca. 1 kg)
Öl oder Fritierfett zum
Ausbacken
1 Zitrone
etwas glatte Petersilie

TIP
• Brokkoli, Romanesco und Zucchini
(in dicken Scheiben) eignen sich
auch sehr gut zum Ausbacken.

CAVOLFIORE FRITTO

GEBACKENER BLUMENKOHL

1• Den Wein oder das Wasser in eine Schüssel geben. Das Mehl unter ständigem Rühren nach und nach dazusieben. Das Ei in einer Tasse verquirlen und unterrühren. Der Teig sollte etwa die Konsistenz wie Pfannkuchenteig haben. Den Teig zum Schluß mit Salz und Pfeffer würzen.

2• Den Teig mit einem Tuch bedecken und etwa 1 Stunde ruhen lassen.

3• Inzwischen den Blumenkohl putzen, in mittelgroße Röschen teilen, dabei die harten Strünke entfernen. Die Blumenkohlröschen waschen und in Salzwasser in etwa 15 Minuten bißfest garen.

4• Das Fritierfett in einem hohen Topf oder in der Friteuse auf 180°C erhitzen. Die Röschen einzeln mit Hilfe einer Gabel in den Teig tauchen und abtropfen lassen. Dann die Röschen in das heiße Fett geben und portionsweise hellbraun ausbacken.

5• Die Zitrone waschen und in Spalten schneiden. Den gebackenen Blumenkohl auf Küchenpapier abtropfen lassen und noch warm zusammen mit den Zitronenspalten servieren.

ZUCCHINI AL FORNO

ZUCCHINI AUS DEM OFEN

Stammt aus den Marken
Arbeitsaufwand: ca. 30 Min.
Backzeit: 50–60 Min.

Für 4 Personen

8 kleine, feste Zucchini
(oder 4–5 mittelgroße)
Butter für die Form
2 EL Paniermehl
3 EL Olivenöl, 1 Knoblauchzehe
4 EL gehackte Petersilie
Salz, Pfeffer aus der Mühle

1• Den Backofen auf 180°C vorheizen. Die Zucchini waschen, längs halbieren und die Stielansätze entfernen. Eine Gratinform mit Butter einfetten und die Zucchinihälften mit der Haut nach oben hineinlegen. Sie mit Aluminiumfolie abdecken, damit sie nicht zu trocken werden und dann für etwa 20 Minuten im Backofen garen.

2• Die Zucchini aus dem Ofen nehmen und den Ofen weiterheizen. Die noch warmen Zucchinihälften wenden und mit Hilfe eines Löffels aushöhlen. Das Zucchinifleisch mit Hilfe einer Gabel zerdrücken und mit dem Paniermehl

und 1 Eßlöffel Olivenöl mischen. Die Knoblauchzehe schälen und durch die Presse drücken. Sie zusammen mit der Petersilie zum Zucchinifleisch geben und alles mit Salz und Pfeffer würzen.

3• Diese Mischung in die ausgehöhlten Zucchinihälften geben. Das Ganze mit wenig Olivenöl beträufeln und das restliche Öl in die Form gießen.

4• Die gefüllten Zucchini in den Ofen geben und 30 bis 40 Minuten schmoren lassen. Sollten sie zu braun werden, sie wieder mit Folie abdecken.

GETRÄNKETIP

trockener Weißwein,
z.B. Verdicchio
dei Castelli di Jesi
(1–2jährig)

Umbrien, Marken, Abruzzen und Molise

Stammt aus den Abruzzen
Arbeitsaufwand: ca. 25 Min.
Garzeit: 30–35 Min.

Für 4 Personen

1 kg frische, grüne Erbsen
(mit Schoten)
80 g magerer Speck
4 Frühlingszwiebeln
2 EL Olivenöl
Salz
1 TL Zucker

GETRÄNKETIP

roter Landwein,
z.B. Montepulciano d'Abruzzo
(2–3jährig)

PISELLI CON GUANCIALE

GRÜNE ERBSEN MIT SPECK

1• Die Erbsen enthülsen. Den Speck in winzig kleine Würfel schneiden. Die Frühlingszwiebeln putzen, waschen und zusammen mit dem zarten Teil des Grüns ebenfalls sehr fein schneiden. Speck und Frühlingszwiebeln im Olivenöl andünsten.

2• Die Erbsen dazugeben und kurz mitdünsten. 2 Eßlöffel Wasser hinzufügen und mit wenig Salz und dem Zucker würzen.

3• Die Erbsen für 20 bis 25 Minuten zugedeckt bei schwacher Hitze garen. Sollte das Wasser nicht ganz verdunstet sein, die Erbsen noch für kurze Zeit ohne Deckel garen lassen.

PIZZA DOLCE

SÜSSE PIZZA

1• Die Eier trennen. Die Eigelbe in einer Schüssel zusammen mit dem Zucker kräftig verrühren, bis eine weißliche Creme entsteht. Die Butter bei schwacher Hitze zerfließen lassen und unter Rühren zur Ei-Zucker-Masse geben. Nun das Mehl mit dem Backpulver mischen und zusammen mit der zerbröckelten Hefe, dem Öl, der Milch und der Orangenschale und etwas Salz darunterrühren. Die Eiweiße steifschlagen und unter den Teig ziehen.

2• Den Backofen auf 180°C vorheizen. Ein Backblech mit der Butter einfetten und mit Paniermehl bestreuen. Den Teig auf das vorbereitete Blech geben und gleichmäßig darauf verteilen. Dann den Teig auf der mittleren Schiene des Backofens etwa 30 Minuten backen.

3• Die süße Pizza aus dem Ofen nehmen, mit Puderzucker bestreuen und lauwarm oder kalt (aber noch frischgebacken) servieren.

Stammt aus Umbrien
Arbeitsaufwand: ca. 30 Min.
Backzeit: ca. 30 Min.

Für 4 Personen

3 frische Eier
150 g Zucker
50 g Butter
200 g Mehl
$^1/_2$ P. Backpulver
20 g frische Hefe
($^1/_2$ Würfel)
4 EL Olivenöl
$^1/_8$ 1 Milch
$^1/_2$ TL abgeriebene
unbehandelte Orangenschale
Salz
Butter für das Backblech
2–3 EL Paniermehl
Puderzucker zum Bestreuen

KAMPANIEN, BASILICATA, KALABRIEN UND APULIEN

Lebenslustig, temperamentvoll und überschwenglich – so geben sich Kampresen und Apulier, zurückhaltend, bescheiden und eher etwas wortkarg wirken dagegen die Bewohner der Basilicata und Kalabriens. Doch eines haben sie gemeinsam: ihre Vorliebe für gutes Essen und die Begabung, selbst aus den einfachsten Zutaten wahre Gaumenfreuden zaubern zu können.

Mehr als nur Pizza und Pasta

Wo die Sonne den Feinschmecker verwöhnt

Landschaftsidylle vor den Toren Neapels

Steilküsten und Strände, einsame
Buchten und kleine Inseln, entlegene Bergdörfer und verwunschene Terrassenstädtchen, Orangen-
und Zitronenhaine – es gibt kaum
eine Landschaft in Italien, die so
ein vielseitiges Bild zu bieten hat
wie die Region Kampanien und
insbesondere die Gegend von Neapel bis hin zum Golf von Salerno.
Kein Wunder, daß schon Goethe
diese Gegend für den Inbegriff
südlicher Schönheit hielt.

Neapel: berühmt und berüchtigt

Doch beginnen wir unsere kulinarische Rundreise im „Hexenkessel"
Neapel, der Hauptstadt der Region
Kampanien und der Heimat der
pizza. Laut und chaotisch, schmutzig und berüchtigt, aber ebenso
auch vital und verrückt, liebenswert und faszinierend ist diese
Stadt am Fuße des Vesuv. Den besten Überblick verschaffen Sie sich
vom Hügel Vomero: auf die riesige
Hafenanlage, das sich an die Abhänge des Vesuv erstreckende Häusermeer mit seinen verwinkelten
Gäßchen, die schlanken Türme und
Kuppeln der Kirchen und den Fischereihafen Santa Lucia.

In diesem alten Viertel werden Sie übrigens noch etwas von dem finden, was Neapel früher so berühmt gemacht hat: temperamentvolles, farbiges Leben mit Wein, Gesang, Fischsuppen und *pizza*.

Die *pizza* ist übrigens ein ganz typisches neapolitanisches Gericht, denn der Neapolitaner ist viel zu ungeduldig, um lange aufs Essen warten zu können. Und so wird all das auf einen Teigfladen gepackt, was gerade zur Hand ist: Tomaten, Pilze, Wurst, Käse, Oliven und vieles mehr. Lassen Sie sich von den schier unerschöpflichen Pizzavariationen (Rezepte S. 120 bis 122) überraschen.

Sonntags nimmt man sich dagegen Zeit. Da darf dann *mamma* stundenlang in der Küche stehen, um das *ragù* für die unterschiedlichen Nudelsorten zu kochen.

Zwei Perlen im Golf von Neapel

In knapp 40 Minuten bringt uns das Schnellboot von Pozzuoli nach Ischia, der größten Insel im Golf von Neapel. Vorbei an Pinienwäldern, Orangen- und Olivenhainen, wilden Feigenbäumen und üppiger Blumenpracht führt uns der Weg nach Sant'Angelo, einem Fischerdörfchen wie aus dem Bilder-

buch, und zu den Thermalquellen von Lacco Ameno, den radioaktivsten Quellen Italiens.

Nur etwa 6 Kilometer lang und 3 Kilometer breit ist Capri, die berühmteste Insel Italiens. Auch sie liegt im Golf von Neapel und ist von dort oder von Sorrent bequem mit dem Boot zu erreichen. Mit ihrem milden Klima, den steilen Felswänden, der üppigen Flora, den malerischen Winkeln und der berühmten Blauen Grotte ist sie das Schmuckstück Italiens.

Ein absolutes Muß für alle Capri-Besucher sind die *ravioli alla Caprese*, überbackene Teigtaschen mit einer Füllung. Sie schmecken nirgendwo besser als in der kleinen, gemütlichen *trattoria* auf der Piazza Umberto I von Capri.

Bummel durch die Antike

Es geht vorbei an unzähligen Weinhängen und kleinen Gemüsegärten, in denen auf dem fruchtbaren Boden rund um den Vesuv Paprika, Zwiebeln, Artischocken, Zucchini, Kartoffeln und vor allem Tomaten angebaut werden. Und so sind es vor allem die unzähligen Gemüsegerichte, die zusammen mit den heimischen Käsesorten wie dem *mozzarella* aus Büffelkäse *(mozzarella di bufala)*, dem *provolone* und dem *caciocavallo* die Grundlagen der einfachen, schlichten Küche Kampaniens bilden.

Inmitten dieser fruchtbaren Ebene liegen auch die antiken Städte Pompeji und Herculaneum, die am 24. August 79 n. Chr. durch einen

Vulkanausbruch des Vesuv vollständig zerstört und erst im 18. Jahrhundert wieder ausgegraben wurden. Nirgendwo ist die Antike so lebendig und gut erhalten wie hier.

Nehmen Sie sich Zeit und bummeln Sie über den Marktplatz, durch die Wohnhäuser, Straßen, Thermen, Bäder und Tempel. Sie werden, wie schon Goethe im Jahre 1787, begeistert und beeindruckt sein.

Orangen, Palmen und das Meer

Auf einer Felsplattform hoch über dem Meer, inmitten von Blumengärten, Palmen und Agaven, liegt Sorrent mit seiner quirligen Altstadt, den vielen Tavernen und Eiscafés und seinem kleinen Hafen.

Von dort fahren wir auf der kurvenreichen Panoramastraße über Positano und Amalfi nach Salerno.

Der Ausblick ist atemberaubend: rechts das tiefblaue Mittelmeer, links Palmen, Zitronen- und Orangenhaine und Oleander, der wie Unkraut wächst.

Mit einem Gläschen *Falerno,* der wie der *Lacrima Christi* zu den besten Weinen der Region gehört, und den es sowohl als *rosso* als auch als *bianco* gibt, verabschieden wir uns aus Kampanien und fahren weiter in die Basilicata.

Viel Schwein und Peperoncino

Sie gilt als eine der ärmsten Regionen Italiens, dennoch wissen die Bewohner der Basilicata seit altersher aus den wenigen frischen Zutaten die schmackhaftesten Gerichte zuzubereiten.

Wichtigstes Nahrungsmittel ist das Schwein. Sein Fleisch wandert vor allem in die Wurst. Und die wiederum wird pikant gewürzt mit dem sehr scharfen *peperoncino,* dem Lieblingsgewürz der Basilicata.

Wer unweit vom Touristenstrom Urlaub machen will, findet in der Basilicata, auch Lukanien genannt, was er sonst in Italien oft vergeblich sucht: unverfälschte Natur mit weiten Hochebenen, auf denen

Thymian und Salbei noch wild wachsen, aber auch schroffe Steilküsten mit Grotten und kleinen Buchten am Tyrrhenischen Meer und verschlafene Badeorte am Ionischen Meer.

Kalabrien, das Land der Aubergine

Von der Basilicata aus machen wir einen Abstecher ins nördliche Kalabrien, in die Provinz Cosenza im fruchtbaren Crati-Tal. Wie Trutzburgen liegen die kleinen Örtchen auf den Hügeln, umgeben von fruchtbarem Ackerland, auf dem fleißig Gemüse angebaut wird.

Es sind vor allem die Auberginen, die es den Kalabresen angetan haben. Denn unzählig sind ihre Zubereitungsarten: mal mit Sardellen, Oliven, Brotkrumen und Knoblauch als *melanzane alla cariatece,* oder *all'agrodolce,* süß-sauer mit Pinienkernen, Rosinen und Zitronat, wobei der orientalische Einfluß unschwer zu erkennen ist.

Auch mit Fleisch harmoniert dieses Gemüse sehr gut. Die Lammschulter mit Auberginen (Rezept S. 128) ist einen Versuch wert.

Apulien, die Kornkammer Italiens

Vom Sporn bis zum Stiefelansatz, der Halbinsel Salento, erstreckt sich die Kornkammer Italiens. Eingebettet in sanfte Hügel, reiht sich Weizenfeld an Weizenfeld.

Auch Gemüse wie Auberginen, Zucchini, Tomaten, Paprikaschoten, Kartoffeln, Oliven und Wein wachsen in der sonnenverwöhnten Region in Hülle und Fülle.

Wir fahren durch die Zona dei Trulli, einem rund 1000 Quadratkilometer großen Gebiet zwischen Alberobello und Martina Franca. Es ist von Tausenden von fremdartig wirkenden kleinen runden, weißgetünchten Steinhäusern, den sogenannten *trulli,* übersät.

In einer kleinen *trattoria* probieren wir *frisedda,* das sind kleine Teigkringel, die vor dem Essen in Wasser aufgeweicht und mit Olivenöl, Salz und Pfeffer gewürzt werden. Ein Glas Wein und ein Rädchen Wurst runden dieses köstliche Bauernmahl ab.

Apropos Wein: Der berühmteste Wein Apuliens ist der *Castel del Monte,* den es als trockenen *rosato,* aber auch als tiefroten *rosso* gibt. Sehr frisch und ideal zu Meeresfrüchten sind die weißen *Locorotondo* und *Martina.* Bei einem Gläschen bleibt es hier ganz bestimmt nicht ...

Stammt allgemein aus Italien
Arbeitsaufwand: ca. 15 Min.

Für 4 Personen

4 gleichmäßig große Tomaten
300 g Mozzarella (ital.
Frischkäse)
1 Bund großblättriges
Basilikum
Salz, Pfeffer aus der Mühle
2 EL kaltgepreßtes Olivenöl

TIP

• Sie können das Ganze nach Belie-
ben mit etwas Balsamicoessig be-
träufeln.

POMODORI E MOZZARELLA (CAPRESE)

TOMATEN MIT MOZZARELLA

1• Die Tomaten waschen, die Stiel-ansätze entfernen und die Tomaten in etwa ¹/₂ cm dicke Scheiben schneiden.

2• Den Mozzarella gut abtropfen lassen und ebenfalls in Scheiben schneiden.

3• Auf einer runden Platte ab-wechselnd Tomaten- und Mozza-rellascheiben kreisförmig an-ordnen. Je 1 Basilikumblatt auf 1 Mozzarellascheibe legen.

4• Alles mit wenig Salz und reich-lich frisch gemahlenem Pfeffer be-streuen und mit dem Olivenöl beträufeln.

GETRÄNKETIP

leichter Rotwein oder Roséwein,
z.B. Sangiovese di Romagna
oder Cerasuolo (Abruzzen)
(1–3jährig)

MOZZARELLA FRITTA

GEBACKENER MOZZARELLA

1• Den Mozzarella abtropfen lassen und in 8 gleich dicke Scheiben schneiden. Diese im Mehl wenden und mit Salz und Pfeffer würzen.

2• Die Eier miteinander verquirlen und die Scheiben beidseitig durch das Ei ziehen.

3• Das Paniermehl auf einen flachen Teller geben. Die Käsescheiben von beiden Seiten darin panieren. Die Panade fest andrücken.

4• Das Öl oder Fritierfett in einer Friteuse auf etwa 180°C erhitzen.

5• Die Mozzarellascheiben darin portionsweise goldgelb fritieren. Sie auf Küchenpapier abtropfen lassen und sofort heiß servieren.

Variation

• In Neapel ißt man gerne „Mozzarella in carozza" („Mozzarella in der Kutsche"). Dazu die Mozzarellascheiben salzen und pfeffern und mit jeweils 1 bis 2 Sardellenfilets belegen. Die Käsescheiben zwischen 2 entrindete Scheiben Toastbrot legen und durch 1 verquirltes Ei ziehen. Das Sandwich dann in der Pfanne backen.

Stammt aus Kampanien
Arbeitsaufwand: ca. 20 Min.
Backzeit: ca. 20 Min.

Für 4 Personen

300 g Mozzarella (ital. Frischkäse)
2–3 EL Mehl
Salz, Pfeffer aus der Mühle
2 frische Eier
100 g Paniermehl
Öl oder Fritierfett zum Ausbacken

GETRÄNKETIP

trockener Weißwein, z.B. Fiano di Avellino oder Greco di Tufo (2–3jährig)

PIZZA ALLA NAPOLETANA

PIZZA NACH ART VON NEAPEL

Stammt aus Kampanien
Arbeitsaufwand: ca. 40 Min.
Zeit zum Gehen: ca. 2 Std.
Backzeit: ca. 20 Min.

Für 4 Personen

Für den Pizzateig:
(Grundrezept für 2 Pizzen
à 28 cm ø):
500 g Mehl
30 g frische Hefe (³/4 Würfel)
¹/4 l lauwarmes Wasser
¹/2 TL Zucker, 1 EL Salz

Für den Belag:
3 vollreife Fleischtomaten
5 EL Olivenöl
Salz, Pfeffer aus der Mühle
300 g Mozzarella di bufala
(ital. Frischkäse aus
Büffelmilch)
6–8 Sardellenfilets
(aus dem Glas)
6 kleinzerzupfte Basilikum-
blätter

Außerdem:
etwas Mehl zum Ausrollen
Öl für das Blech

GETRÄNKETIP

Roséwein aus Süditalien,
z.B. Rosa del Golfo oder
Ravello rosato

TIP

• *Pizzateig sollte bei großer Hitze gebacken werden, damit er knusprig wird. Heizen Sie daher Ihren Backofen auf die höchste Temperatur vor. Ideal ist eine Temperatur zwischen 275°C und 300°C.*

1• Für den Pizzateig das Mehl in eine große Teigschüssel sieben und in der Mitte eine Mulde bilden.

2• Die Hefe leicht zerbröckeln und in die Mulde hineingeben. Sie mit 3 Eßlöffeln Wasser, Zucker und Salz auflösen und alles mit etwas Mehl vom Rand zu einem weichen Vorteig verrühren. Den Vorteig abgedeckt bei Zimmertemperatur ungefähr 30 Minuten gehen lassen.

3• Danach das restliche Mehl unter den Vorteig kneten und dabei das lauwarme Wasser nach und nach dazugeben. Den Teig dann etwa 10 Minuten lang auf einer bemehlten Arbeitsfläche von Hand kräftig kneten. Ihn dabei mehrmals auf die Arbeitsfläche schlagen und immer wieder zur Kugel zusammenformen. Der Teig soll danach glatt und elastisch sein.

4• Aus dem Teig 2 gleich große Kugeln formen. Jede Kugel in eine Schüssel legen und mit einem Küchentuch abgedeckt nochmals etwa 1½ Stunden bei Zimmertemperatur gehen lassen. Dabei soll sich das Teigvolumen verdoppeln.

5• Inzwischen den Belag vorbereiten. Dazu die Tomaten kreuzweise einschneiden, für etwa 15 Sekunden in kochendes Wasser geben, sofort abschrecken und enthäuten. Die Tomaten dann halbieren, entkernen, ausdrücken und in kleine Würfel schneiden.

6• Die Tomaten in 2 Eßlöffeln Öl andünsten, salzen und pfeffern. Sie bis zur Weiterverwendung beiseite stellen. Den Mozzarella abtropfen lassen und in feine Scheiben schneiden.

7• Nun den Backofen bis zur maximalen Temperatur (siehe Tip) vorheizen und 2 große Backbleche dünn mit dem Öl bepinseln.

8• Die beiden Teigkugeln auf eine bemehlte Arbeitsfläche geben. Sie jeweils etwas flachdrücken und mit dem Nudelholz zu etwa ½ cm dicken, runden Fladen (etwa 28 cm ø) ausrollen. Die Ränder mit den Händen etwas hochziehen.

9• Dann die Fladen auf die Bleche legen und mit den vorbereiteten Zutaten belegen. Zunächst die Tomatenwürfel gleichmäßig auf dem Boden verteilen. Die Mozzarellascheiben und dann die Sardellenfilets darauf geben. Dabei den erhöhten Rand frei lassen.

10• Zum Schluß das Basilikum auf dem Belag verteilen, etwas Pfeffer darauf mahlen und alles mit den restlichen 3 Eßlöffeln Öl beträufeln.

11• Die Pizzen entweder zusammen oder nacheinander auf der mittleren Schiene in 15 bis 20 Minuten knusprig backen.

Variation

• Wie vielfältig Sie die Pizza belegen können, sehen Sie auf der nächsten Doppelseite.

Kampanien, Basilicata,
Kalabrien
und Apulien

PIZZAVARIATIONEN

PIZZA
DEL RE

**PIZZA
NACH KÖNIGSART**

Stammt aus der Gegend um Neapel

1• Einen Pizzateig nach der Zubereitungsanweisung (S. 120, Schritte 1 bis 4) herstellen. Während der Gehzeit den Belag vorbereiten.

2• Dazu etwa 200 g Artischockenherzen (aus dem Glas) vierteln, 150 g gekochten Schinken in kleine Würfel und 8 schwarze Oliven ohne Stein in feine Streifen schneiden. 2 frische Tomaten waschen und in Scheiben schneiden.

3• Den Teig zum Backen, wie auf Seite 120 (Schritte 8 und 9) beschrieben, vorbereiten. Auf die Böden dann 100 g Parmesan streuen, die vorbereiteten Zutaten darauf verteilen und die Pizzen auf der mittleren Schiene etwa 20 Minuten backen.
(auf dem Foto: links unten)

PIZZA
CON FUNGHI

**PIZZA
MIT PILZEN**

Stammt aus der Gegend um Neapel

1• Einen Pizzateig nach der Zubereitungsanweisung (S. 120, Schritte 1 bis 4) herstellen. Während der Gehzeit den Belag vorbereiten.

2• Dazu 200 g Champignons, Steinpilze oder Pfifferlinge putzen und in feine Scheiben schneiden. 4 geschälte Tomaten (aus der Dose) entkernen und würfeln. Die Pilze in 3 Eßlöffeln Öl dünsten, bis die austretende Flüssigkeit verdampft ist. Sie aus der Pfanne nehmen und darin die Tomatenwürfel in 2 Eßlöffeln Öl etwa 5 Minuten andünsten. 200 g Mozzarella in Scheiben schneiden.

3• Den Teig zum Backen, wie auf Seite 120 (Schritte 8 und 9) beschrieben, vorbereiten. Die Böden dann mit den vorbereiteten Zutaten belegen. Zum Schluß Pfeffer und 4 Eßlöffel Olivenöl auf die Pizzen geben und sie auf der mittleren Schiene etwa 20 Minuten backen.
(auf dem Foto: Mitte)

PIZZA
ALLA PERUGINA

**PIZZA NACH
PERUGINER ART**

Stammt aus der Gegend um Perugia (Umbrien)

1• Einen Pizzateig nach der Zubereitungsanweisung (S. 120, Schritte 1 bis 4) herstellen. Während der Gehzeit den Belag vorbereiten.

2• Dazu 100 g gekochten Schinken in kleine Würfel und 150 g Schafskäse (z.B. frischen Pecorino) in dünne Scheiben schneiden. 3 frische Eier mit 150 ml Milch und 50 g geriebenem Parmesan verquirlen und mit Salz und Pfeffer würzen.

3• Den Backofen auf die maximale Temperatur vorheizen und 2 runde Küchenbleche (etwa 28 cm ø) einfetten. Die Teigkugeln ausrollen, auf die Bleche legen und einen Rand hochziehen.

4• Schinken und Schafskäse auf den Böden verteilen, die Eiermasse darauf gießen und einige Butterflöckchen darauf setzen. Die Pizzen auf der mittleren Schiene etwa 25 Minuten backen.
(auf dem Foto: rechts oben)

• *Sie können die Pizza nach dem Backen mit „olio santo" (Olivenöl mit feingehackten Peperoncini) beträufeln. Dadurch bekommt der Belag eine pikante Note.*

Stammt aus Kampanien
Arbeitsaufwand: ca. 40 Min.
Zeit zum Gehen: ca. 2 Std.
Backzeit: 30–35 Min.

Für 4 Personen

1 Grundrezept Pizzateig (S. 120)
100 g Eskariol
(eine ital. Endivienart)
oder Endiviensalat
2 EL Olivenöl
1 Knoblauchzehe
6 Sardellenfilets (aus dem Glas)
6 schwarze Oliven
1 EL Kapern
2 EL Rosinen
2 frische Eigelbe
Salz, Pfeffer aus der Mühle
etwas Mehl zum Ausrollen
Öl für das Blech

GETRÄNKETIP

Rotwein, z.B. Lacrima Christi

CALZONE

NEAPOLITANISCHE KRAPFEN

1• Einen Pizzateig (S. 120, Schritte 1 bis 4) zubereiten. Die Salatblätter kurz überbrühen, abtropfen lassen und in feine Streifen schneiden. Im Öl kurz andünsten. Den Knoblauch schälen, fein würfeln und mitdünsten. Das Ganze abkühlen lassen.

2• Die Sardellenfilets kleinschneiden, die Oliven entsteinen, fein würfeln und mit Kapern zum Salat geben.

3• Die Rosinen und 1 Eigelb darunterrühren. Mit Salz und Pfeffer abschmecken.

4• Den Teig auf einer bemehlten Arbeitsfläche etwa ½ cm dick ausrollen. Kreise von etwa 12 cm ø ausstechen.

5• Den Backofen auf 200°C vorheizen und ein Backblech mit Öl einfetten. Die Füllung portionsweise auf jeweils eine Teighälfte geben. Die andere darüberklappen und die Ränder fest andrücken.

6• Die Krapfen mit verquirltem Eigelb bestreichen, auf das Blech setzen und auf der mittleren Schiene 30 bis 35 Minuten goldbraun backen.

Stammt aus Kampanien
Arbeitsaufwand: ca. 30 Min.
Zeit zum Durchziehen: 1–2 Std.

SPAGHETTI CON SALSA DI POMODORO CRUDO

SPAGHETTI MIT ROHER TOMATENSAUCE

Für 4 Personen

Für die Sauce:
1 kg reife, geschälte Tomaten
1 Knoblauchzehe
6–7 EL kaltgepreßtes Olivenöl
Salz, Pfeffer aus der Mühle

Außerdem:
400 g Spaghetti

1• Die Tomaten halbieren, die Kerne und etwas Saft ausdrücken. Dann das Tomatenfleisch kleinschneiden.

2• Die Knoblauchzehe schälen und durch die Presse drücken. Die Tomatenstücke mit dem Knoblauch und dem Öl mischen und alles 1 bis 2 Stunden an einem kühlen Ort durchziehen lassen.

3• Danach die Sauce durch ein feinmaschiges Sieb drücken oder im Mixer pürieren und abschließend mit Salz und Pfeffer abschmecken.

4• Die Spaghetti in reichlich Salzwasser in etwa 10 Minuten „al dente" kochen. Sie in einem Sieb abtropfen lassen und mit der Sauce mischen.

GETRÄNKETIP

trockener Rosé,
z.B. Ravello Rosa (1–2jährig)

MALTAGLIATI CON BROCCOLI

„SCHLECHT GESCHNITTENE" NUDELN MIT BROKKOLI

Stammt aus Apulien
Arbeitsaufwand: ca. 40 Min.
Garzeit: ca. 15 Min.
Ruhezeit des Teiges: ca. 1 Std.

Für 4 Personen

1 Grundrezept Nudelteig
(S. 100)
300 g Brokkoli
50 g gedörrte Tomaten (in Öl
eingelegt, siehe Tip)
4 Sardellenfilets (aus dem Glas)
2 Knoblauchzehen
4 EL Olivenöl
1 EL gehacktes Basilikum
etwas schwarzer Pfeffer
aus der Mühle

TIP

• *In Öl eingelegte gedörrte Tomaten haben einen sehr intensiven, wunderbaren Geschmack. Sie sind in italienischen Lebensmittelgeschäften oder in Feinkostabteilungen von Warenhäusern erhältlich.*

GETRÄNKETIP

trockener Rotwein,
z.B. Salice Salentino
(3–5jährig)

1• Den Nudelteig nach der Zubereitungsanweisung (S. 100) zubereiten und etwa 1 Stunde ruhen lassen. Inzwischen den Brokkoli putzen, dabei die harten Strünke entfernen und die zarten belassen. Den Brokkoli nun waschen, in Röschen teilen und die zarten Strünke etwas zerkleinern. Die Hälfte der Röschen in 1 l Salzwasser bißfest garen. Sie mit Hilfe eines Schaumlöffels herausnehmen und beiseite stellen.

2• Das Wasser wieder aufkochen lassen, die restlichen Röschen und die zarten Strünke kurz blanchieren und aus dem Wasser nehmen.

3• Die gedörrten Tomaten abtropfen lassen und kleinschneiden. Die Sardellenfilets fein hacken.

4• Die Knoblauchzehen schälen, längs halbieren, eventuell den grünen Keim entfernen und dann in sehr feine Scheiben schneiden.

5• Den Nudelteig nach der Ruhezeit in 2 bis 3 Stücke teilen. Jedes Stück etwa ½ cm dick ausrollen und in 3 bis 4 cm breite Streifen schneiden. Diese dann mit Hilfe einer mechanischen Nudelmaschine oder mit dem Nudelholz dünn ausrollen, in 4 cm lange Rechtecke schneiden und diese schräg halbieren. Es sollen unregelmäßige, Teigstücke entstehen.

6• Das Öl erhitzen und darin die gedörrten Tomaten zusammen mit den blanchierten Brokkoliröschen und -stielen, den Knoblauchscheibchen und dem Basilikum kurz andünsten. 3 Eßlöffel heißes Wasser dazugeben und alles etwa 10 Minuten ziehen lassen.

7• Dann die Sardellen hinzufügen, alles mit Pfeffer abschmecken und nochmals kurz erwärmen.

8• Die Nudeln in leicht gesalzenem Wasser 2 bis 3 Minuten al dente kochen und abgießen.

9• Die warme Sauce auf die Maltagliati geben und diese mit den beiseitegestellten Brokkoliröschen garnieren.

Kampanien, Basilicata, Kalabrien und Apulien

SPALLA D'AGNELLO CON MELANZANE

LAMMSCHULTER MIT AUBERGINEN

Stammt aus Kalabrien
Arbeitsaufwand: ca. 45 Min.
Garzeit: ca. 1 ¹/₄ Std.

Für 4 Personen

2 Zwiebeln
2 Knoblauchzehen
6 vollreife Fleischtomaten
750 g ausgelöste Lammschulter
gehackte Knochen vom
Schulterstück
4 EL Olivenöl
1 Prise Zucker
4 EL Fleischbrühe
¹/₂ TL gehackter Oregano
300 g Auberginen
Salz, Pfeffer aus der Mühle

1• Die Zwiebeln und den Knoblauch schälen und grob würfeln.

2• Die Tomaten über Kreuz einschneiden und für etwa 15 Sekunden in kochendes Wasser geben. Sie dann sofort mit kaltem Wasser abschrecken und enthäuten. Die Tomaten halbieren, den Saft und die Kerne herausdrücken.

3• Das Lammfleisch in Würfel schneiden und zusammen mit den Knochen in 2 Eßlöffeln Öl von allen Seiten kräftig anbraten.

4• Nun die Zwiebeln und den Knoblauch zum Fleisch geben und Farbe annehmen lassen. Die Tomaten sowie den Zucker dazugeben und alles andünsten.

5• Dann das Ganze mit der Fleischbrühe ablöschen und den Oregano dazugeben. Das Fleisch etwa 50 Minuten bei schwacher Hitze zugedeckt schmoren lassen.

6• Inzwischen die Auberginen waschen und in etwa 1 cm dicke Scheiben schneiden. Diese in ein feinmaschiges Sieb legen, großzügig mit Salz bestreuen und ungefähr 10 Minuten ziehen lassen.

7• Dann das Salz mit kaltem Wasser von den Scheiben abspülen und sie mit Küchenpapier trockentupfen.

8• Die restlichen 2 Eßlöffel Öl erhitzen und die Auberginenscheiben

darin von beiden Seiten leicht anbraten. Anschließend die Auberginen pfeffern und bis zur Weiterverwendung auf Küchenpapier abtropfen lassen (siehe Tip).

9• Etwa 5 Minuten vor Ende der Schmorzeit die Knochen aus dem Topf nehmen und die Auberginenscheiben auf das Fleisch legen. Alles mit Salz und Pfeffer würzen und noch einmal aufkochen.

10• Das Gericht entweder im Schmortopf oder in einer rustikalen Schüssel servieren.

TIP
• *Auberginen neigen dazu, beim Braten in Öl viel Fett aufzusaugen. Sie sollten die gebratenen Scheiben vor dem Servieren auf Küchenpapier legen und etwas plattdrücken, damit das Fett abtropfen kann.*

GETRÄNKETIP

trockener, schwerer Rotwein, z.B. Anglianico del Vulture (5–10jährig)

Kampanien, Basilicata, Kalabrien und Apulien

BRACIOLA DI MANZO ALLA NAPOLITANA

GEFÜLLTE RINDLFEISCHRÖLLCHEN

Stammt aus Kampanien (Neapel)
Arbeitsaufwand: ca. 30 Min.
Garzeit: ca. 40 Min.

Für 4 Personen

Für die Füllung:
120 g Provolone
(kugelförmiger Käse aus Süditalien)
2 Knoblauchzehen
75 g Pinienkerne
60 g Sultaninen
2 EL Paniermehl
2 EL gehackte Petersilie
2 EL gehacktes Basilikum
1 frisches Ei
Salz, Pfeffer aus der Mühle

Für das Fleisch:
800 g Rindfleisch
(Filet oder Hüfte) oder
4 Rinderrouladen à ca. 200 g
3–4 EL Mehl
Salz, Pfeffer aus der Mühle
5 EL Olivenöl
1 Rosmarinzweig
1 Lorbeerblatt
200 ml Rotwein
500 g geschälte Tomaten
(aus der Dose)

Außerdem:
Küchenschnur
oder 4 Rouladennadeln

1• Den Provolone in kleine Würfel schneiden, den Knoblauch schälen und durch die Presse drücken. Beides zusammen mit den Pinienkernen, Sultaninen, Paniermehl, Petersilie und Basilikum in eine Schüssel geben.

2• Das Ei verquirlen und dazugeben. Alles mit Salz und Pfeffer würzen und miteinander mischen.

3• Aus dem Fleischstück 4 dünne Scheiben schneiden und diese etwas flachklopfen. Die Fleischscheiben oder die Rouladen ausbreiten und leicht bemehlen. Jede Scheibe mit 1 Eßlöffel der Füllung bestreichen, dann seitlich einschlagen, damit die Füllung beim Garen nicht herausquillt. Die Scheiben nun aufrollen und die Fleischröllchen mit Küchenschnur zubinden oder mit Rouladennadeln fixieren. Die Fleischröllchen außen mit Salz und Pfeffer einreiben.

4• Das Olivenöl erhitzen. Den Rosmarinzweig und das Lorbeerblatt dazugeben und die Fleischröllchen bei mäßiger Hitze von allen Seiten im Fett braun anbraten.

5• Danach die Rindfleischröllchen mit dem Wein ablöschen und kochen lassen, bis die Flüssigkeit etwas eingekocht ist.

6• In der Zwischenzeit die geschälten Tomaten entkernen, etwas zerkleinern und zum Fleisch geben. Nun das Ganze zugedeckt bei schwacher Hitze etwa 30 Minuten schmoren lassen.

7• Danach das Lorbeerblatt aus der Sauce nehmen und diese durch ein feinmaschiges Sieb geben. Die Sauce mit Salz und Pfeffer abschmecken und zu den Röllchen servieren.

GETRÄNKETIP

trockener, schwerer Rotwein, z.B. Taurasi Riserva (7–10jährig)

*Stammt aus Kampanien
Arbeitsaufwand: ca. 15 Min.
Garzeit: ca. 20 Min.*

Für 4 Personen

*200 g Ricotta (ital. Frischkäse)
6 EL Milch
8 frische Eier
4 EL gehackte glatte Petersilie
Salz, Pfeffer aus der Mühle
4 mittelgroße Zucchini
6 kleine, feste Strauchtomaten
5–6 EL Olivenöl*

• Achten Sie darauf, daß die erste Frittata nicht zu trocken wird, während die zweite gebacken wird. Am besten bereitet man beide gleichzeitig in 2 Bratpfannen zu.

FRITTATA CON RICOTTA

PFANNKUCHEN MIT RICOTTA

1• Den Ricotta durch ein Sieb streichen und mit der Milch und den Eiern verrühren. Die Petersilie daruntermischen und die Frittatamasse salzen und pfeffern. Zucchini und Tomaten waschen und in Scheiben schneiden.

2• Die Zucchinischeiben salzen und pfeffern und in 3 Eßlöffeln Öl in etwa 5 Minuten dünsten. Sie dann aus dem Topf nehmen, auf einem Gitter abtropfen lassen.

3• Die Tomaten mit Salz und Pfeffer bestreuen und im gleichen Öl kurz andünsten. Sie dann herausnehmen.

4• Etwa 1 Eßlöffel Öl in einer großen Pfanne erhitzen und die Hälfte der Frittatamasse hineingeben. Sobald die Masse am Rand stockt, die Hälfte der gedünsteten Zucchini- und Tomatenscheiben auf der Frittata verteilen und erwärmen.

5• Die Frittata wenden und auf der anderen Seite fertigbacken. Die Frittata bis zum Servieren warm stellen. Eine zweite Frittata auf die gleiche Weise zubereiten. Die 2 Frittate jeweils halbieren und dann sofort servieren.

SEMIFREDDO ALL'AMARETTO CON FICHI

AMARETTOPARFAIT MIT FEIGEN

1• Die Eier und das Eigelb mit dem Zucker in einem warmen Wasserbad cremig rühren und nach und nach den Amaretto dazugeben.

2• Die Sahne zusammen mit dem Vanillezucker steifschlagen und unter die Eiercreme ziehen. Die Creme in 4 Förmchen (je 200 ml Inhalt) geben und für 2 bis 3 Stunden gefrieren lassen.

3• Inzwischen die Feigen waschen, vorsichtig abtrocknen und in Spalten schneiden. Sie zusammen mit dem Cognac und 1 Eßlöffel Zucker ungefähr 1 Stunde marinieren. Ab und zu wenden.

4• Die Himbeeren waschen und trockentupfen. Sie für etwa 30 Minuten in Zucker und Zitronensaft durchziehen lassen. Dann alles durch ein Sieb streichen.

5• Die Förmchen mit dem Parfait kurz in warmes Wasser tauchen und es auf 4 Teller stürzen. Mit den Feigen und der Himbeersauce garnieren.

Stammt aus Kalabrien
Arbeitsaufwand: ca. 25 Min.
Kühlzeit: 2–3 Std.
Marinierzeit: ca. 1 Std.

Für 4 Personen

Für das Parfait:
2 frische Eier
1 frisches Eigelb
80 g Zucker
3 EL Amaretto (ital. Likör)
300 g Sahne
1 EL Vanillezucker

Für die Feigen:
4 reife Feigen
2 EL Cognac
1 EL Zucker

Für die Himbeersauce:
200 g Himbeeren
2 EL Zucker
1 EL Zitronensaft

Sizilien und Sardinien

*Paradies kulinarischer
Inselschätze*

Sizilien und Sardinien

Man nehme ein bißchen phönizische Kochkunst, würze sie mit einem Hauch arabischer und afrikanischer Einflüsse, gebe noch ein paar römische und spanische Nuancen dazu und verknete alles mit den üppig wachsenden heimischen Produkten. Das Ergebnis ist die bodenständige, aber dennoch ausgesprochen raffinierte Küche der beiden Inseln Sizilien und Sardinien.

Wo viele Kulturen im Kochtopf vereint sind

Faszinierende Gegensätze

Dort, wo Europa endet und Afrika beinahe beginnt, liegt die größte und wohl auch faszinierendste Insel Italiens, Sizilien.

Sie ist eine Insel voller Kontraste: hier üppige Vegetation mit Zitrusfrüchten, Weizen und Wein, dort von der Sonne versengtes, karges Land und arme Bergdörfer. Aber auch quirlige Badeorte, chaotisch laute Großstädte und mythenumwobene Ruinenstätten – alles das hat Sizilien zu bieten.

Wie sieht es dort erst mit der Küche aus? Kaum eine andere italienische Regionalküche ist so verschiedenen Einflüssen ausgesetzt gewesen wie diese. So erlernten den Sizilianer von den Sarazenen die Vorliebe für alles Süße und von den Griechen das Brotbacken.

Die Nudeln allerdings erfanden sie selbst – sehr zum Ärger der Neapolitaner, die dieses Recht jahrhundertelang für sich in Anspruch nahmen. Und noch heute nennt man den Sizilianer *„mangiamaccaroni"*, weil er mindestens zweimal am Tag seine *pasta* braucht.

Catania, die schwarze Stadt

Sie gilt als temperamentvollste Stadt der Insel. Auf jeden Fall ist sie die mit den meisten Autos – das tägliche Verkehrschaos ist vorprogrammiert.

Doch ein Bummel über die Nobelstraße Via Etna mit ihren basaltgrauen Häusern aus dem 18. und 19. Jahrhundert und mit den eleganten Geschäften sowie der Besuch des Domes entschädigen für so manches. Bewacht wird der Dom übrigens vom Wahrzeichen der Stadt, einem Elefanten aus schwarzem Basalt, der einen Obelisken auf dem Rücken trägt.

Auf dem Berg der Berge

Wie eine große schwarze Warze sitzt er auf fruchtbarem Land, wie ein Monster speit er fast jedes Jahr neue Lava, Schwefeldämpfe und Gesteinspartikel aus. Mit rund 3300 Metern Höhe und einer Fläche von etwa 1400 Quadratkilometern ist der Ätna der größte aktive Vulkan Europas.

Traumhaftes Taormina

Man nennt sie die „Perle des Mittelmeeres", und das ist noch nicht einmal übertrieben. Wie eine Märchenprinzessin thront die Stadt wunderschön auf einer Felsterrasse: unter sich das blaue Meer, über sich den alles überragenden Ätnagipfel. Ein Blütenmeer im Giardino Publico, dem Stadtgarten mit Meeresblick: Rosen, Oleander und Datura scheinen hier um die Wette zu blühen. Sehenswert auch das halbrunde Teatro Greco, das von den Römern im 2. Jahrhundert erbaut wurde. Weiter geht es die Küste entlang nach Norden. Unsere Reise führt uns über Messina die thyrrhenische Küste entlang über Cefalu, einem Hafenstädtchen mit einer normannischen Kathedrale, nach Palermo, der Hauptstadt Siziliens.

Orientalischer Zauber

Ob es nun die schmalen Gassen der Altstadt, die Kuppeln der Maroranakirche, die Mosaiken im normannischen Königspalast oder die vielen eleganten Paläste sind – durch Palermo zieht immer noch ein Hauch Arabiens.

Doch von der einstigen orientalischen Üppigkeit ist hier nur noch etwas auf dem täglichen Markt in der Altstadt zu spüren. Zitrusfrüchte und Feigen, Tomaten und Peperoni, Oliven und Kräuter, Aprikosen und Pfirsiche, Zwiebeln und Kartoffeln, frischer oder im Ofen getrockneter Ricottakäse und daneben Meeresfrüchte, Muscheln, Tintenfische, Schwertfische und Sardinen – all die Schätze Siziliens werden hier lautstark feilgeboten.

Wir fahren mit dem Auto auf eine Höhe von etwa 1800 Meter. Dort steigen wir in Geländewagen und fahren bis zum Rifugio Torre de Filosofo auf 2900 Meter, wo uns Bergführer erwarten, die uns sicher durch versteinerte Lavafelder zum Hauptkrater bringen.

Wir haben unwahrscheinliches Glück, denn die Aussicht an diesem klaren Tag ist grandios …

Palermos Küche hat einen guten Ruf. Da sind zum Beispiel der *farsumagru,* eine gefüllte Kalbsroulade mit Tomatensauce und natürlich die *cassata* (Rezept S. 152), eine zuckersüße, gefüllte Biskuittorte, zu der unbedingt ein Glas süßer *Marsala,* der berühmte Dessertwein der Insel, gehört.

Ins Tal der Mafia und der Tempel

Wir verlassen die Küstenregion und brechen zu einer atemberaubenden Fahrt ins Landesinnere auf. Vorbei an sanften Hügeln, Weizenfeldern, Orangen- und Olivenhainen und schließlich sogar durch Wälder mit Edelkastanien und Eichenbäumen geht es nach Carleone, einem typischen süditalienischen Bergdorf, angeblich der Hochburg der Mafia.

Von dort geht es weiter ins Tal der Tempel, das nur wenige Kilometer entfernt vom Städtchen Agrigent liegt, und in dem zahlreiche Heiligtümer von dem Reichtum der Griechen zeugen.

Zu den bedeutendsten Städten des einstigen griechischen Reiches gehörte auch Syrakus. Der archäologische Park mit dem berühmten griechischen Theater, dem zweitgrößten Italiens, erinnert eindrucksvoll an diese glanzvolle Epoche.

Zauberhaftes Sardinien

Schneeweiße Strände, verschwiegene Buchten, türkisfarbenes, glasklares Wasser, reichlich Granit, alle Blumen dieser Welt und freundliche Menschen, deren Gastfreundschaft sprichwörtlich ist: Sardinien ist ein kleines Paradies.

Doch nicht nur für die Reichen, die sich in ihren Villen und auf den Luxusyachten an der Costa Smeralda tummeln, sondern vor allem auch für Menschen mit Sinn für Natur und gutes Essen gilt es, den Zauber der Insel im Landesinneren zu entdecken.

Und da sieht man vor allem Schafe. Immerhin wird fast ein Drittel der Schafe Italiens auf Sardinien gezüchtet. Kein Wunder also, daß das wichtigste Erzeugnis Sardiniens Schafskäse, der *pecorino,* ist.

Es gibt ihn in den verschiedensten Reifegraden, von mild bis pikant, von weich bis hart. Zusammen mit *carta da musica,* einem dünnen, haltbaren Fladenbrot, hat man ein typisches Hirtenessen.

Cagliari und der Südwesten

Die Strapazen der Fährfahrt sind schnell vergessen, als wir uns in einem kleinen Restaurant im Hafen von Cagliari, der Hauptstadt Sardiniens, Spaghetti mit *bottara,* das ist getrockneter Rogen der Meeräsche, und eine fangfrische Languste schmecken lassen.

Weiter geht es nördlich durch Wälder, in denen es Rehe, Hirsche, Mufflons und auch Wildschweine gibt. Wildschweinschinken gehört zu den Delikatessen Sardiniens. Wild, aber auch Geflügel und vor allem Schwein, wird als Braten in eine ausgehobene Grube auf glühende Holzkohle gelegt, mit Myrte und Kräutern zugedeckt und langsam gegart.

Über Nuoro, der reizvoll am Hang gelegenen Stadt, kommen wir nach Olbia an der Westküste der Insel. Frisch gestärkt mit einer *cassola,* einer scharfen Suppe aus verschiedenen Fischsorten, Muscheln und Schalentieren sowie einem Gläschen vorzüglichen weißen *Vermentino* (er gehört neben dem roten *Cannonau di Sardegna* zu den bekanntesten Weinen der Insel) machen wir uns auf den Weg zur Costa Smeralda und ihrem Zentrum Porto Cervo.

Doch Kenner schwören auf die Strände von Cala Luna im Osten oder auf die der Costa Verde im Südwesten der Insel. Denn die hat man fast noch für sich alleine …

Danach machen wir uns auf Entdeckungsreise. Zuerst in den Südwesten, denn da liegt inmitten von Eukalyptusbäumen, Bougainvilleasträuchern und Mimosen der Touristenort Santa Margarita.

Etwas später führt unsere Route weiter westlich, in die Gegend von Giba, zu herrlichen Lagunen mit Sanddünen und menschenleeren Stränden.

Ins Reich der Nuragen

Bei Iglesias verlassen wir die Küste und fahren nach Barumini, in dessen Nähe Su Nuraxi, das bedeutendste Nuragendorf Sardiniens, liegt. Nuragen sind riesige kegelförmige Steinbauten einer prähistorischen Kultur, vermutlich Wehranlagen oder Tempel.

INSALATA DI FINOCCHIO ED ARANCE

FENCHELSALAT MIT ORANGEN

Stammt aus Sizilien
Arbeitsaufwand: ca. 25 Min.
Marinierzeit: ca. 10 Min.

Für 4 Personen

2 große Fenchelknollen
(ca. 500 g)
2 unbehandelte Orangen
¹/₄ l Wasser
4 EL Zitronensaft
Salz, Pfeffer aus der Mühle
4 EL kaltgepreßtes Olivenöl
1 EL gehobelte Haselnüsse

1• Die Fenchelknollen putzen, dabei die unschönen Außenblätter entfernen und 4 große Blätter beiseite legen. Die restlichen Blätter waschen und in feine Streifen schneiden.

2• Von 1 Orange (gut gewaschen) die Schale in feinen Streifen abziehen. Diese in einem kleinen Topf zusammen mit dem Wasser etwa 4 Minuten kochen, abschrecken und in einem Sieb abtropfen lassen.

3• Beide Orangen mit einem Messer schälen und die Filets aus den Trennhäuten herausschneiden.

4• Für die Marinade den Saft aus den Häuten herauspressen, ihn mit dem Zitronensaft mischen und alles mit Salz und Pfeffer würzen. Nun das Olivenöl darunterrühren.

5• Die Fenchelstreifen in der Sauce wenden und etwa 10 Minuten darin marinieren. Anschließend die Orangenfilets vorsichtig daruntermischen.

6• Den Fenchel-Orangen-Salat in den beiseite gelegten, gewaschenen Fenchelblättern auf Tellern anrichten. Den Salat zum Schluß mit den Haselnußscheiben und den Orangenschalenstreifen bestreuen.

TIPS

• *Aromatischer werden die Haselnußscheibchen, wenn Sie sie in einer trockenen Pfanne kurz rösten.*

• *Mit einem speziellen Zestenreißer läßt sich die Schale von Zitrusfrüchten in gleichmäßig feinen Streifen mühelos abziehen.*

GETRÄNKETIP

trockener Weißwein,
z.B. Terre di Ginestra
(1–2jährig)

Stammt aus Sizilien
Arbeitsaufwand: ca. 10 Min.
Garzeit: ca. 20 Min.

Für 4 Personen

100 g Zucker
200 ml Weißwein
300 ml Malvasia delle Lipari
(ital. Dessertwein)
300 ml Hühnerbrühe
1 TL Speisestärke
1 EL Wasser
Saft von 1 Zitrone
1 Prise Cayennepfeffer
Salz
200 g Sahne
2 EL Butter

ZUPPA AL VINO DOLCE SALINA

SÜSSE WEINCREMESUPPE

1• Den Zucker zusammen mit dem Weißwein zur Hälfte einkochen lassen und anschließend mit 200 ml Malvasia und der Hühnerbrühe auffüllen.

2• Die Speisestärke mit 1 Eßlöffel Wasser verrühren, zur Flüssigkeit geben und alles 5 bis 10 Minuten kochen lassen.

3• Die Suppe mit Zitronensaft, Cayennepfeffer und wenig Salz abschmecken.

4• Die Sahne und den restlichen Malvasia dazugeben und die Suppe noch einmal aufkochen.

5• Vor dem Servieren die Butter in Flöckchen unter die nicht mehr kochende Suppe ziehen.

GETRÄNKETIP

trockener Weißwein,
z.B. Corvo Bianco
(1–3jährig)

MINESTRA DI FINOCCHIO

FENCHELSUPPE

1• Die Schalotten schälen und fein würfeln. Die Fenchelknollen putzen, waschen und in Scheiben schneiden. Etwas Fenchelkraut für die Garnitur beiseite legen.

2• Die Schalotten im Olivenöl andünsten. Den Fenchel dazugeben und kurz mitdünsten. Nun die Brühe dazugießen und die Suppe für etwa 30 Minuten bei schwacher Hitze kochen.

3• Anschließend das Gemüse durch das Passiergerät drehen oder mit dem Stabmixer pürieren. Das

pürierte Gemüse zusammen mit der Brühe nochmals aufkochen und mit Salz und Pfeffer abschmecken.

4• Die Suppe in Suppenteller geben und mit etwas gehackter Petersilie und dem Fenchelkraut bestreuen.

GETRÄNKETIP

trockener Rotwein,
z.B. Cannonau di Sardegna
(3–5jährig)

Stammt aus Sardinien
Arbeitsaufwand: ca. 20 Min.
Garzeit: ca. 35 Min.

Für 4 Personen

3 Schalotten
3 Fenchelknollen (ca. 600 g)
1 EL Olivenöl
1 l Gemüse- oder Fleischbrühe
Salz, Pfeffer aus der Mühle
2 EL gehackte Petersilie

• Servieren Sie zu dieser Suppe mit Knoblauchbutter bestrichenes italienisches Weißbrot, frisch aus dem Ofen.

ARANCINE DI RISO

SIZILIANISCHE REISKUGELN

Stammt aus Sizilien
Arbeitsaufwand: ca. 40 Min.
Garzeit: ca. 40 Min.

Für 4 Personen

Für die Reiskugeln:
300 g Rundkornreis
(z.B. Vialone)
50 g Butter
1 Prise Safran
3 EL geriebener Parmesan
1 frisches Ei
Salz

Für die Füllung:
100 g Hühnerleber
1/2 kleine Zwiebel
1 Knoblauchzehe
2 EL Olivenöl
2 EL Butter
75 g Kalbshackfleisch
120 g frische grüne Erbsen
(enthülst)
1 EL Tomatenmark
je 1/2 TL gehackte Petersilie,
Basilikum und Stangensellerie
ca. 150 ml Hühnerbrühe
Salz, Pfeffer aus der Mühle

Außerdem:
Öl oder Fritierfett zum
Ausbacken
2 frische Eier
2–3 EL Mehl
50 g Paniermehl

• *Sie können für die Füllung auch gebratene Geflügelfleischstücke verwenden.*

1• Den Reis in Salzwasser etwa 10 Minuten kochen, ihn dann abgießen und abkühlen lassen.

2• Anschließend den Reis mit Butter, Safran, Parmesan und dem Ei vermengen. Die Masse abkühlen lassen und bis zur Weiterverwendung kühl stellen.

3• Die Hühnerleber putzen und in feine Stücke schneiden.

4• Die Zwiebel und den Knoblauch schälen und fein würfeln. Das Öl und die Butter in einem Topf erhitzen und die Zwiebel sowie den Knoblauch darin andünsten.

5• Die Hühnerleber, das Kalbshackfleisch und die Erbsen dazugeben und kurz mitdünsten.

6• Nun das Tomatenmark und die Kräuter dazugeben und die Brühe angießen. Das Ganze 10 bis 15 Minuten bei schwacher Hitze kochen und anschließend mit Salz und Pfeffer abschmecken.

7• Aus der Reismasse Kugeln in einer Größe von Mandarinen formen. In die Mitte jeder Kugel mit dem Finger eine Vertiefung drücken und etwas Fleischfüllung hineingeben. Die Öffnung wieder verschließen.

8• In einem hohen Topf oder in der Friteuse das Fett erhitzen. Die Eier verquirlen. Die Kugeln nacheinander im Mehl und in den Eiern wenden und dann mit dem Paniermehl panieren.

9• Sie im heißen Fritierfett schwimmend ausbacken, bis sie goldgelb und knusprig sind.

GETRÄNKETIP

trockener Roséwein,
z.B. Regaleali Rosato
(1–2jährig)

FILETTO DI MANZO ALLA SARDA

RINDERFILET NACH SARDISCHER ART

Stammt aus Sardinien
Arbeitsaufwand: ca. 35 Min.
Garzeit: ca. 40 Min.

Für 4 Personen

Für die Füllung:
1 Bund Petersilie
10 Basilikumblätter
2 Salbeiblätter
3 EL geriebener Parmesan
50 g Paniermehl
Salz, Pfeffer aus der Mühle
75 g milder sardischer Käse
(z.B. Pecorino sardo)

Für das Fleisch:
800 g Rinderfilet am Stück
(Mittelstück)
150 g roher Schinken
in Scheiben
2 Salbeiblätter
2 Majoranzweige
2 EL Olivenöl

Außerdem:
Küchenschnur oder
3–4 Rouladennadeln
100 ml trockener Rotwein

1• Für die Füllung die Kräuter waschen und fein hacken. Sie dann mit dem Parmesan und dem Paniermehl vermengen und alles mit Salz und Pfeffer abschmecken.

2• Den Käse in fingerbreite Streifen schneiden.

3• Das Rinderfilet der Länge nach waagerecht tief einschneiden. Die Öffnung ausweiten und mit der Kräuter-Parmesan-Füllung sowie den Käsestreifen füllen. Die Ränder des Einschnittes fest zusammendrücken.

4• Das Fleisch locker in die Schinkenscheiben einwickeln und mit Küchenschnur zubinden oder die Öffnung mit den Rouladennadeln fixieren.

5• Den Backofen auf 180°C vorheizen. Die Salbeiblätter und die Majoranzweige in einem Bräter im

Öl erhitzen und das Fleisch darin von allen Seiten kräftig anbraten.

6• Den Bräter auf der untersten Schiene in den Ofen schieben und das Fleisch etwa 30 Minuten braten. Danach das Fleisch aus dem Bräter nehmen und 5 bis 10 Minuten warmgestellt ruhen lassen.

7• Den Wein in einem kleinen Topf aufkochen. Den Bratensaft im Bräter mit 1 bis 2 Eßlöffeln Wasser lösen und zum Wein geben. Den Fond etwas einkochen lassen.

8• Das Fleisch in Scheiben schneiden und zusammen mit der Sauce anrichten.

⌐ GETRÄNKETIP ⌐

trockener Rotwein,
z.B. Cannonau di Sardegna
oder Monica di Sardegna
(3–5jährig)

Stammt aus Sardinien
Arbeitsaufwand: ca. 25 Min.
Garzeit: 15–20 Min.

Für 4 Personen

1 großer oder 2 mittelgroße
Wolfsbarsche
(Gesamtgewicht ca. 1,4 kg)
2 frische Eier
2 EL gehackte Petersilie
1 EL gehacktes Basilikum
1 TL gehackter Majoran
3 EL Paniermehl
2 EL geriebener Parmesan
Salz, Pfeffer aus der Mühle
3 EL Olivenöl
3–4 Salbeiblätter

GETRÄNKETIP

trockener Weißwein,
z.B. Vermentino di Gallura
(1–2jährig)

SPIGOLA RIPIENA ALLE ERBE AROMATICHE

WOLFSBARSCH MIT KRÄUTERFÜLLUNG

1• Den Fisch schuppen, ausnehmen und unter fließendem Wasser waschen. Ihn mit Küchenpapier trockentupfen und innen salzen.

2• Die Eier miteinander verquirlen. Petersilie, Basilikum, Majoran, Paniermehl und Parmesan mit den Eiern vermischen. Die Masse mit Salz und Pfeffer abschmecken, in die Bauchhöhle des Fisches geben und mit einem Löffel gleichmäßig verteilen.

3• Den Backofen auf 200°C vorheizen. Eine feuerfeste Form mit 1 Eßlöffel Olivenöl einfetten. Den gefüllten Wolfsbarsch hineingeben und mit den restlichen 2 Eßlöffeln Öl beträufeln. Die gewaschenen Salbeiblätter zum Fisch geben und alles auf der untersten Schiene im Ofen 15 bis 20 Minuten backen.

BROCCOLI
ALLA SICILIANA

BROKKOLI
NACH SIZILIANISCHER ART

1• Den Brokkoli putzen. Die Röschen und die Stiele waschen.
Die Stiele in Scheiben schneiden.

2• Die Sardellenfilets grob hacken.
Die Oliven in feine Streifen
schneiden. Die Zwiebel schälen
und ebenso wie den Käse klein-
würfeln. Alles miteinander vermengen.

3• Etwa 1 Eßlöffel Olivenöl in einen Topf geben. Nun lagenweise
den Brokkoli und die Sardellen-

masse hineingeben. Jede Schicht
salzen, pfeffern und mit Öl beträufeln. Die letzte Schicht mit dem
Wein begießen.

4• Das Ganze im geschlossenen
Topf bei schwacher Hitze 35 bis
40 Minuten schmoren lassen, bis
der Wein verdampft ist.

5• Die Brotscheiben vierteln und
in der zerlassenen Butter rösten.
Den Brokkoli mit den Croûtons
auf 4 Tellern anrichten.

Stammt aus Sizilien
Arbeitsaufwand: ca. 35 Min.
Garzeit: 35–40 Min.

Für 4 Personen

1 kg Brokkoli
6 Sardellenfilets (aus dem Glas)
50 g schwarze Oliven ohne Stein
1 kleine Zwiebel
50 g pikanter Cacciocavallo
(ital. Käse aus Kuhmilch)
3 EL Olivenöl
Salz, Pfeffer aus der Mühle
1/8 1 Rotwein
4 Weißbrotscheiben
ohne Rinde
3 EL Butter

• Wer gerne Knoblauchcroûtons
mag, kann die gerösteten Brotscheiben mit einer geschälten Knoblauchzehe einreiben.

FRITTATE RIPIENE

GEFÜLLTE PFANNKUCHEN

Stammt aus Sizilien
Arbeitsaufwand: ca. 40 Min.
Ruhezeit des Teiges: ca. 30 Min.
Garzeit: ca. 1 1/2 Std.

Für 4 Personen

Für den Teig:
90 g Mehl
1/4 l Milch
4 frische Eier
(Gewichtsklasse 2 oder 3)
1/4 TL Salz
1 Prise Zucker

Für die Füllung:
je 1 kleine gelbe, rote
und grüne Paprikaschote
1 kg geschälte Tomaten
(aus der Dose)
3 Zwiebeln
1 große Knoblauchzehe
5 EL Olivenöl
2 Sardellenfilets (aus dem Glas)
1/2 TL Rosmarinnadeln
2 EL glatte gehackte Petersilie
1 Stück unbehandelte
Orangenschale
Salz, Pfeffer aus der Mühle
4 EL geriebener Pecorino
(ital. Hartkäse aus Schafsmilch)
1 EL gehackter Oregano
150 g Thunfisch (aus der Dose)

Außerdem:
Öl für die Form

TIP
• Sie können auch 4 dünne Pfannkuchen backen, einzeln füllen, zusammenrollen und in einer feuerfesten Form mit Käse bestreut überbacken.

1• Das Mehl mit der Milch, den Eiern, Salz und Zucker verrühren. Den Teig etwa 30 Minuten ruhen lassen.

2• Inzwischen die Paprikaschoten putzen, waschen und in feine Streifen schneiden. Die Tomaten vierteln, entkernen und zerkleinern.

3• Die Zwiebeln und den Knoblauch schälen. Die Zwiebel in feine Würfel schneiden und den Knoblauch durch die Presse drücken. Beides in 1 Eßlöffel Öl glasig dünsten.

4• Die Sardellen kleinhacken und zusammen mit Tomaten, Rosmarin, Petersilie und Orangenschale zu den Zwiebeln und dem Knoblauch geben.

5• Alles zugedeckt bei schwacher Hitze etwa 30 Minuten schmoren lassen. Währenddessen in einem zweiten Topf die Paprikastreifen in 2 Eßlöffeln Öl andünsten und bei mittlerer Hitze etwa 15 Minuten

garen, dabei ab und zu wenden. Wenn nötig, 1 Eßlöffel Wasser dazugeben.

6• Die Tomatenmischung durch ein Sieb passieren und zu den Paprikaschoten geben. Alles miteinander verrühren und mit Salz, Pfeffer, 2 Eßlöffeln Pecorino und Oregano abschmecken. Den Thunfisch mit einer Gabel zerpflücken und dazugeben.

7• Aus dem Teig in den restlichen 2 Eßlöffeln Öl nacheinander 3 Pfannkuchen von etwa 22 cm ø backen.

8• Den Backofen auf 220°C vorheizen. Eine Springform (etwa 22 cm ø) mit wenig Öl einfetten. Nun schichtweise je 1 Pfannkuchen und die Hälfte der Füllung hineingeben und mit einem Pfannkuchen abschließen.

9• Den Pfannkuchenstapel mit dem restlichen Käse bestreuen und etwa 20 Minuten auf der mittleren Schiene im Ofen backen.

10• Zum Servieren den Pfannkuchenstapel wie eine Torte aufschneiden und auf große Teller verteilen.

GETRÄNKETIP

trockener Rotwein,
z.B. Cerasuolo di Vittoria
(2–3jährig)

CASSATA SICILIANA

SIZILIANISCHE FESTTAGSTORTE

Stammt aus Sizilien
Arbeitsaufwand: ca. 1 $\frac{1}{2}$ Std.
Backzeit: ca. 30 Min.
Kühlzeit: ca. 3 Std.

Für eine Springform
(24 cm ø)

Für den Teig:
5 frische Eier
150 g Zucker
1 TL abgeriebene unbehandelte
Zitronenschale
70 g Weizenmehl
70 g Kartoffelstärke
$\frac{1}{2}$ TL Backpulver
80 g Butter
1 Prise Salz
Butter für die Form
2 EL Marsala oder Malvasia
(ital. Dessertweine)

Für die Füllung:
5 Blatt weiße Gelatine
450 g Ricotta (ital. Frischkäse)
oder Speisequark
6 EL Zucker
2 EL Maraschino (Kirschlikör)
$\frac{1}{2}$ TL Vanillemark
50 g dunkle Schokolade
(z.B. Zartbitterschokolade)
150 g gehackte kandierte
Früchte (z.B. Orangeat und
Zitronat)
100 g geröstete Mandelsplitter
oder gehackte ungesalzene
Pistazien

Außerdem:
100 g dunkle Schokolade
(z.B. Zartbitterschokolade)
2–3 EL Wasser
80 g Puderzucker
4 EL Butter
5 EL kandierte Früchte,
geschälte Mandeln
oder Walnußkernhälften

1• Den Backofen auf 180°C vorheizen. Die Eier trennen. Die Gelatine nach der Packungsbeschreibung in kaltem Wasser einweichen. Für den Teig die Eigelbe, 100 g des Zuckers und die Zitronenschale zu einer weißlichen Creme rühren.

2• Das Mehl mit der Kartoffelstärke und dem Backpulver mischen und auf die Eicreme sieben. Alles miteinander verrühren. Die Butter schmelzen lassen und lauwarm unter Rühren zum Teig geben.

3• Die Eiweiße zusammen mit dem Salz halb steifschlagen, die restlichen 50 g Zucker dazugeben und so lange weiterrühren, bis der Eischnee glänzt und ganz fest ist. Ihn dann locker unter den Teig heben.

4• Die Springform mit der Butter einfetten. Den Teig hineinfüllen und im Ofen auf der mittleren Schiene etwa 30 Minuten backen.

5• Inzwischen für die Füllung 2 Eßlöffel Wasser erhitzen. Die eingeweichte Gelatine darin auflösen. Den Ricotta zusammen mit dem Zucker, dem Maraschino, der aufgelösten Gelatine und der Vanille in einer Schüssel verrühren.

6• Die Schokolade grob raspeln und zusammen mit den kandierten Früchten und den Mandelsplittern oder den gehackten Pistazien unter die Ricottamasse ziehen. Die Masse bis zur Weiterverwendung kühl stellen.

7• Den Biskuit nach dem Backen aus der Form nehmen und auf einem Kuchengitter auskühlen lassen.

8• Den Biskuit auf zwei Drittel der Höhe quer durchschneiden und den unteren Teig leicht aushöhlen. Den Teigboden mit Marsala oder Malvasia beträufeln. Die Ricottamasse hineinfüllen und den Deckel des Biskuits wieder aufsetzen. Die Torte für etwa 3 Stunden in den Kühlschrank stellen.

9• Für die Glasur die Schokolade in Stücke brechen und im warmen Wasserbad mit 2 bis 3 Eßlöffeln Wasser schmelzen lassen. Dann den Puderzucker darunterrühren und zuletzt die Butter darin schmelzen lassen. Die Glasur mit einem Kuchenpinsel auf den gekühlten Kuchen auftragen und diesen nach Belieben mit kandierten Früchten und Nüssen garnieren.

Variation

• Den gefüllten Biskuit können Sie nach dem Kühlen auch vollständig mit steifgeschlagener Sahne überziehen und mit 4 Eßlöffeln kandierten Früchten garnieren.

ROM UND LATIUM

*Dolce vita
rund um die Ewige Stadt*

Rom und Latium

All das, was dem Römer ausgesprochen gut schmeckt, hat er fast vor der Haustür liegen: Im Tiber schwimmen fette Aale, in der Ebene gibt es Gemüse satt, von den Sabiner Bergen kommen pikante Käse, von den Albaner Bergen süffige Weine und die latinische Küste lockt mit Tintenfischen und Langusten. Wie gut, daß die alten Römer ihre Hauptstadt in die Region Latium gebaut haben.

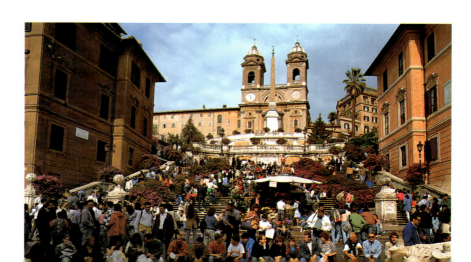

Rom und Latium

PARADIES VOR DEN TOREN DER HAUPTSTADT

Traditionelle Küche

Alle Wege führen nach Rom – auch die kulinarischen. Denn die Hauptstadt Italiens vereint alle Charaktere der Nation, die aus den nördlichen und südlichen ebenso wie die aus den westlichen und östlichen Regionen.

Außerdem hat keine andere mittelitalienische Stadt ihre traditionellen Gerichte so bewahrt wie Rom. Es muß am Stolz der Römer liegen.

Kräftig, gehaltvoll und vor allem einfach – so mögen es die Latiner und auch die Römer am liebsten. Und so essen sie ihre *pasta* ganz einfach nur mit Knoblauch und Öl *(aglio ed olio)* oder *alla carbonara,* mit *pancetta* und Eiern (Rezept S. 161).

Fleisch mögen sie am liebsten geschmort oder in Form von Braten. Im Frühling und vor allem um die Osterzeit gibt es überall *abbacchio,* einen zarten Milchlammbraten mit Rosmarin.

Auch Gemüse hat seinen festen Platz auf dem Speisezettel. Bleichsellerie taucht man zum Beispiel roh in den *pinzimonio,* eine Würzsauce aus kaltgepreßtem Olivenöl, Salz und frisch gemahlenem schwarzem Pfeffer, und ißt ihn zum Abschluß der Mahlzeit.

Als typisch römische Delikatesse gelten aber auch die *saltimbocca alla romana,* kleine Kalbfleischschnitzel, die mit Salbei und Schinken belegt, in Butter gebraten und dann in Weißwein kurz gegart werden (Rezept S. 164).

Bummel durch die Geschichte

Ausgangspunkt unserer kulinarischen Rundreise durch das Latium ist seine Hauptstadt Rom – und noch genauer ein Café an der Piazza di Spagna, wo wir genüßlich einen *cappuccino* schlürfen und das bunte Treiben auf der Spanischen Treppe beobachten.

Vorbei an der Fontana di Trevi, dem barocken Brunnen mit dem Meeresgott Neptun (natürlich werfen auch wir eine Münze und wünschen uns etwas), geht es zum Pantheon, einem Kuppeltempel aus dem Jahr 27 v.Chr., der heute

als Grabstätte der italienischen Könige dient. Von hier ist es nicht weit zur belebten Piazza Navona mit ihren wunderschönen Springbrunnen.

Unser nächstes Ziel ist die Engelsburg, die wir über die Ponte Sant'Angelo erreichen. In der Cappella Sistina bestaunen wir die Fresken Michelangelos, ehe wir dann über den Petersplatz mit dem Petersdom und dem Vatikan ins ursprünglichste Viertel Roms, ins alte Trastevere-Viertel gelangen.

Seine schmalen Gäßchen und windschiefen Häuser faszinieren immer wieder aufs Neue.

Einen atemberaubenden Blick auf die Ewige Stadt mit ihren berühmten sieben Hügeln hat man übrigens vom Gianicolo-Hügel. Und natürlich darf ein Besuch des antiken Roms mit seinem Forum romanum, dem Kolosseum und der vierstöckigen Arena nicht fehlen.

Durch die Weinberge

Mit den vulkanischen Gebirgszügen des Apennin und seinen Hochebenen, den vielen Seen und Thermalbädern sowie den feudalen Landgütern und prunkvollen Villen ist das Latium eine ausgesprochen reizvolle Region. Rund 20 Kilometer südöstlich von Rom, an den Hängen der Albaner Berge, liegt die kleine Stadt Frascati, berühmt für ihre prachtvollen Villen und vor allem wegen des gleichnamigen Weines.

Der strohgelbe *Frascati* wird heute vorwiegend trocken ausgebaut und kann zu jedem Gericht getrunken werden. Ausgezeichnete Weine der Region sind aber auch die weißen *Colli Albani* und der bekannte *Est! Est!! Est!!!*, der aus Montefiascone, einem kleinen Ort in der Nähe des Lago di Bolsena, stammt.

Von hier ist es auch nicht weit an die latinische Küste, nach Civita-

vecchia, wo es eine ausgezeichnete Langustensuppe gibt, die *zuppa del Venerdì Santo.*

Einen Besuch wert ist aber auch Fiuggi, ein inmitten prächtiger Kastanienwälder gelegenes Städtchen im Süden von Rom. Wegen seiner radioaktiven Thermalquellen ist es einer der meistbesuchten Kurorte Italiens. Hier probieren wir übrigens *suppli,* das sind kleine, mit Hackfleisch, Schinken und Käse pikant gefüllte Reiskugeln, die – wo immer man sie findet – garantiert eine Sünde wert sind.

MINESTRA DI BROCCOLI AL PECORINO

BROKKOLISUPPE MIT PECORINO

*Stammt aus dem Latium
Arbeitsaufwand: ca. 40 Min.
Garzeit: ca. 45 Min.*

Für 4 Personen

*750 g Brokkoli
Salz, Pfeffer aus der Mühle
80 g Speck
(z.B. Pancetta, ital. Bauchspeck)
2 Knoblauchzehen
2 geschälte Tomaten
(aus der Dose)
2 EL Butter oder
Schweineschmalz
1 Speckschwarte
3/4 l Fleischbrühe
150 g Spaghettini
(sehr dünne Spaghetti)
50 g geriebener Pecorino
(ital. Hartkäse aus Schafsmilch)*

*• Diese Suppe können Sie auch mit
der gleichen Menge Weißkohl, Wirsing oder Rosenkohl zubereiten.*

1• Den Brokkoli putzen und die Röschen und die zarten Stiele waschen. Die Hälfte der Brokkoliröschen und die zarten Stiele kleinschneiden.

2• Die restlichen Röschen ganz belassen und in leicht gesalzenem Wasser etwa 10 Minuten bißfest garen. Den Topf vom Herd nehmen, und die Röschen bis zur Weiterverwendung im Sud belassen.

3• Den Speck grob würfeln. Die Knoblauchzehen schälen und in Scheiben schneiden. Beides in einem Mörser zusammen zerdrücken. Die Tomaten halbieren, den Saft und die Kerne ausdrücken und die Tomaten in kleine Würfel schneiden.

4• Dann die Knoblauchmischung in der Butter oder im Schweineschmalz leicht anbraten. Die Tomaten dazugeben und mitdünsten, bis ein Mus entsteht. Dieses nun vom Herd nehmen und beiseite stellen.

5• Die ganzen gegarten Brokkoliröschen aus dem Sud nehmen. Den zerkleinerten restlichen Brokkoli und die Speckschwarte in dem Sud in 10 bis 15 Minuten weich kochen.

6• Danach die Speckschwarte herausnehmen und das Gemüse mit Hilfe des Stabmixers pürieren oder durch die Passiermaschine (Flotte Lotte) drehen.

7• Das pürierte Gemüse nochmals aufkochen und, falls nötig, mit der Brühe etwas verdünnen. Die Spaghettini in etwa 5 cm lange Stücke zerbrechen und zusammen mit der Speck-Tomaten-Mischung zur Suppe geben. Die Spaghettini darin in 8 bis 10 Minuten „al dente" kochen. Zum Schluß die Suppe mit wenig Salz und Pfeffer würzen.

8• Die ganz belassenen Brokkoliröschen in Suppenteller geben. Die Suppe in die Teller füllen. Den Pecorino getrennt dazu reichen und nach Belieben auf die Suppe streuen.

GETRÄNKETIP

*trockener Weißwein,
z.B. Frascati
(1–2jährig)*

Rom und Latium

Stammt aus dem Latium
Arbeitsaufwand: ca. 5 Min.
Garzeit: 15–25 Min.

Für 4 Personen

200 g altbackenes Brot
(z.B. Weißbrot oder Mischbrot)
6 EL Olivenöl
2 Knoblauchzehen
400 g geschälte Tomaten
(aus der Dose)
300–400 ml Wasser
$1/2$ EL Tomatenmark
1 EL gehackter Majoran
Salz, Pfeffer aus der Mühle
100 g geriebener Pecorino
(ital. Hartkäse aus Schafsmilch)

TIP
• Würziger wird die Suppe, wenn Sie
das Wasser durch die gleiche Menge
Fleischbrühe ersetzen.

PAPPA COL POMODORO

TOMATEN-BROT-SUPPE

1• Das Brot in kleine Würfel
schneiden. Den Knoblauch schälen
und die ganzen Zehen zusammen
mit 2 Eßlöffeln Öl in einen Topf
geben. Den Knoblauch bei mittlerer Hitze goldgelb anbraten und
danach aus dem Öl nehmen.

2• Die Tomaten in kleine Würfel
schneiden und zusammen mit etwa
drei Vierteln des Wassers, dem Tomatenmark, dem gehackten
Majoran und etwas Salz im gleichen Topf aufkochen.

3• Die Brotwürfel dazugeben und
die Suppe unter häufigem Rühren
weiterkochen, bis das Brot aufgeweicht ist. Es dann mit einer Gabel
zerpflücken. Wenn nötig, nach und
nach etwas Wasser dazugießen.
Die Suppe soll ziemlich dickflüssig
sein.

4• Die Suppe in Teller geben und
zusammen mit dem Pfeffer, dem
Käse und den restlichen 4 Eßlöffeln Öl zum Abschmecken bei
Tisch servieren.

SPAGHETTI ALLA CARBONARA

SPAGHETTI NACH KÖHLERART

Stammt aus dem Latium
Arbeitsaufwand: ca. 15 Min.
Garzeit: ca. 15 Min.

Für 4 Personen

2 Knoblauchzehen
150 g Pancetta
(ital. Bauchspeck)
3 EL Olivenöl
400 g Spaghetti
Salz, Pfeffer aus der Mühle
2 große frische Eier
50 g geriebener Pecorino
(ital. Hartkäse aus Schafsmilch)
50 g geriebener Parmesan

1• Den Knoblauch schälen und ebenso wie die Pancetta fein würfeln. Beides im Olivenöl andünsten.

2• Die Spaghetti in viel Salzwasser in 8 bis 10 Minuten „al dente" kochen. Eine große Servierschüssel gut vorwärmen.

3• Die Eier mit den beiden Käsesorten gut verrühren. Alles mit Salz und Pfeffer würzen und in die Schüssel geben. Die Spaghetti abgießen und zusammen mit 1 bis 2 Eßlöffeln Kochwasser zur Ei-Käse-Mischung geben.

4• Den Knoblauch und die Pancetta darauf verteilen. Alles mit Hilfe von zwei Gabeln gut durchmischen, Pfeffer aus der Mühle darauf mahlen und das Gericht sofort servieren. Die Spaghetti am besten in vorgewärmten Suppentellern anrichten.

GETRÄNKETIP

trockener Weißwein,
z.B. Frascati Secco
(1–2jährig)

GNOCCHI CON FEGATINI DI POLLO

GRIESSGNOCCHI MIT GEFLÜGELLEBER

Stammt aus dem Latium
Arbeitsaufwand: ca. 1 Std.
Garzeit: ca. 50 Min.
Kühlzeit: ca.1 Std.

Für 4 Personen

Für die Gnocchi:
700 ml Milch
150 ml Wasser
Salz, Muskat
Pfeffer aus der Mühle
160 g Hartweizengrieß
2 frische Eier
2 EL geriebener Parmesan
2 EL Olivenöl

Für die Sauce:
500 g Tomaten
1 Schalotte
1 Knoblauchzehe
2 EL Olivenöl
2 EL Tomatenmark
Salz, Pfeffer aus der Mühle
1 TL Oregano
200 g Geflügelleber
3 EL Butter
6 cl Madeira (Dessertwein)

GETRÄNKETIP

trockener Weißwein,
z.B. Romagnano
(2–3jährig)

TIP

• *Die Gnocchi lassen sich gut vorbereiten. Damit die Leber zart bleibt, sollte man sie erst im letzten Moment zubereiten und alle anderen Komponenten dieses Gerichtes warm bereitstellen.*

1• Die Milch zusammen mit dem Wasser aufkochen und mit Salz und Muskat würzen. Den Grieß einrieseln lassen und unter ständigem Rühren etwa 10 Minuten kochen, bis ein Brei entsteht. Diesen vom Herd nehmen, kurz abkühlen lassen und dann die Eier und den Parmesan daruntermischen.

2• Ein rechteckiges Backblech mit kaltem Wasser abspülen, den noch warmen Brei daraufgeben und mit einem Teigschaber gleichmäßig darauf verteilen. Die Masse dann etwa 30 Minuten abkühlen lassen. Sobald sie nicht mehr dampft, kann man sie in etwa 1 Stunde im Kühlschrank festwerden lassen.

3• Danach aus der Masse mit einem runden Ausstechförmchen Gnocchi von etwa 4 cm ø ausstechen.

4• Die Tomaten kreuzweise einschneiden, für etwa 15 Sekunden in kochendes Wasser geben, abschrecken und enthäuten. Sie dann halbieren, entkernen und in kleine Würfel schneiden.

5• Die Schalotte und den Knoblauch schälen. Die Schalotte fein würfeln und die Knoblauchzehe durch die Presse drücken. 1 Eßlöffel Schalottenwürfel und den Knoblauch in 1 Eßlöffel Öl andünsten.

6• Die Tomatenwürfel und das Tomatenmark dazugeben. Das Ganze 5 bis 10 Minuten unter gelegentlichem Rühren dünsten, bis fast keine Flüssigkeit mehr vorhanden ist. Die Sauce abschließend mit Salz, Pfeffer und Oregano würzen.

7• Die Leber putzen, in kleine Stücke schneiden und in 1 Eßlöffel Olivenöl rasch anbraten. Die gebratenen Leberstücke dann aus der Pfanne nehmen.

8• 2 Eßlöffel Olivenöl in einer zweiten Pfanne erhitzen und die Gnocchi darin beidseitig leicht braten. Sie bis zur Weiterverwendung warm stellen.

9• Das überschüssige Öl aus der ersten Pfanne weggießen und 1 Eßlöffel Butter hineingeben. Die restlichen Schalotten darin andünsten. Die Leberstückchen nochmals hineingeben, unter Wenden kurz erwärmen, dann herausnehmen und warm stellen.

10• Den Bratenfond mit dem Madeira ablöschen und etwas einkochen lassen. Die Pfanne vom Herd nehmen und die restlichen 2 Eßlöffel Butter unter die Sauce rühren.

11• Die Gnocchi auf großen flachen Tellern anrichten. Zuerst mit den Tomaten, dann mit den Leberstückchen belegen und zum Schluß mit der Madeirasauce überziehen.

Rom und Latium

Stammt aus dem Latium

*Stammt aus dem Latium
Arbeitsaufwand: ca. 15 Min.
Garzeit: ca. 15 Min.*

Für 4 Personen

*8 kleine, dünne Kalbsschnitzel
à 60 g
8 kleine Salbeiblätter
8 kleine Scheiben luftgetrockneter roher Schinken
Salz, Pfeffer aus der Mühle
2 EL Butterschmalz
3 EL Weißwein
1/8 1 Kalbsfond (aus dem Glas)*

SALTIMBOCCA ALLA ROMANA

KLEINE KALBSSCHNITZEL MIT SALBEI

1• Die Schnitzel flachklopfen und auf einer Platte ausbreiten. Sie mit je 1 gewaschenen Salbeiblatt und 1 Scheibe Schinken belegen und die Auflage dann mit je 2 Holz-zahnstochern fixieren.

2• Das Butterschmalz in einer großen Bratpfanne erhitzen und die Saltimbocca darin unter Wen-den in 3 bis 4 Minuten goldbraun braten. Sie dann aus der Pfanne nehmen und warm stellen.

3• Den Bratensaft mit dem Weißwein ablöschen, den Kalbs-fond dazugeben und das Ganze auf zwei Drittel einkochen. Die Sauce mit Salz und Pfeffer abschmecken.

4• Die Saltimbocca auf Tellern an-richten und mit der Weinsauce be-träufeln.

TIP

• Als Beilage können Sie Spaghetti, hausgemachte Nudeln oder Risotto servieren.

┌─ **GETRÄNKETIP** ─┐

*trockener Rotwein
z. B. Merlot di Aprilia
oder Colle Picchioni
(5–8jährig)*

CODA ALLA VACCINARA

OCHSENSCHWANZRAGOUT

Stammt aus dem Latium
Arbeitsaufwand: ca. 30 Min.
Schmorzeit: ca. 3 Std.

Für 4 Personen

*1 Karotte
2 große Zwiebeln
2 Knoblauchzehen
5 EL Olivenöl
1,4 kg Ochsenschwanz (in 3 cm
lange Stücke geschnitten)
1 halbierter Schweinsfuß
1 TL Tomatenmark
400 g geschälte Tomaten
(aus der Dose)
300 ml Weiß- oder Rotwein
2 Gewürznelken
1 Lorbeerblatt
1/4 l Fleischbrühe
300 g Staudensellerie
Salz, Pfeffer aus der Mühle
2 EL gehackte Petersilie*

TIP

• *Zur geschmacklichen Abrundung
können Sie zum Ochsenschwanz-
ragout Polentaschnitten servieren.*

1• Die Karotte putzen, schälen und in Würfel schneiden. Die Zwiebeln und die Knoblauchzehen schälen. Die Zwiebeln würfeln und die Knoblauchzehen durch die Presse drücken.

2• Das Olivenöl in einer großen Bratpfanne erhitzen. Die Ochsenschwanzstücke zusammen mit dem Schweinsfuß darin allseitig goldbraun anbraten. Das Fleisch herausnehmen, in einen Schmortopf geben und bis zur Weiterverwendung beiseite stellen. Eventuell den Ofen auf 180°C vorheizen. Das Gemüse zusammen mit dem Tomatenmark im Bratenfett des Fleisches 2 bis 3 Minuten andünsten.

3• Die Tomaten abtropfen lassen, kleinschneiden, 1 bis 2 Minuten mitdünsten und dann alles mit dem Wein ablöschen. Die Nelken und das Lorbeerblatt dazugeben. Nun

das Ganze einmal aufkochen und über das Fleisch im Schmortopf gießen. Den Topf zudecken und das Fleisch auf dem Herd oder im Ofen bei 180°C etwa 1½ Stunden schmoren lassen. Ab und zu kontrollieren, ob noch genügend Flüssigkeit vorhanden ist. Wenn nötig, nach und nach Fleischbrühe dazugeben.

4• Den Sellerie putzen, waschen und in 2 cm lange Stücke schneiden. Sie nach der ersten Kochzeit zum Fleisch geben und dann das Ganze nochmals etwa 1 Stunde auf dem Herd bei schwacher Hitze oder im Ofen bei 150°C schmoren lassen.

5• Das Fleisch und die Selleriestücke aus dem Topf nehmen. Die Sauce bei großer Hitze etwas einkochen lassen. Sie mit Salz und Pfeffer abschmecken und durch ein Sieb geben. Die Sauce zusammen mit dem Fleisch und dem Sellerie nochmals aufkochen und mit Petersilie bestreuen.

┌─ **GETRÄNKETIP** ─┐

trockener Rotwein,
z.B. Merlot
di Aprilia
(3–5jährig)

Stammt aus dem Latium
Arbeitsaufwand: ca. 30 Min.
Garzeit: ca. 30 Min.

Für 4 Personen

1 kg junge dicke Bohnen
(mit Hülsen)
150 g luftgetrockneter Speck
4 EL Butter
oder 5 EL kaltgepreßtes
Olivenöl
1 kleine Frühlingszwiebel
$1/8$ l Gemüse- oder Fleischbrühe
4 kleine Scheiben Weißbrot
$1/2$ TL Zucker
Salz
weißer Pfeffer aus der Mühle

GETRÄNKETIP

trockener Rotwein,
z.B. Colle Picchioni (5–8jährig)

FAVE COL GUANCIALE

DICKE BOHNEN MIT SPECK

1• Die Bohnen enthülsen und 3 bis 4 Minuten in kochendem Wasser blanchieren. Etwas ältere Bohnen müssen eventuell gehäutet werden. Das Fett des Specks in kleine Stücke schneiden. Die Frühlingszwiebel putzen, waschen und in feine Ringe schneiden.

2• 3 Eßlöffel Butter oder 3 Eßlöffel Öl zusammen mit dem Speck erhitzen. Die Frühlingszwiebeln dazugeben und 2 bis 3 Minuten glasig dünsten. Den restlichen Speck fein würfeln und dazugeben.

3• Die blanchierten Bohnen dazugeben und kurz andünsten. Alles mit 3 bis 4 Eßlöffeln Brühe ablöschen und etwa 20 Minuten bei schwacher Hitze zugedeckt dünsten.

4• Inzwischen die Brotscheiben in den restlichen 2 Eßlöffeln Olivenöl rösten. Sie mit 1 Eßlöffel Butter, dem Zucker sowie Salz und Pfeffer in der Pfanne wenden.

5• Das Bohnengemüse zusammen mit den Brotscheiben servieren.

GELATO DI RICOTTA ALLA ROMANA

RICOTTAEIS NACH RÖMISCHER ART

1• Den Ricotta durch ein feinmaschiges Sieb streichen und dann mit dem Espresso verrühren.

2• Den Zucker mit den Eigelben zu einer weißlichen Creme rühren. Die Sahne zusammen mit dem Vanillezucker steifschlagen und dann den Rum dazugeben.

3• Eine rechteckige Form (etwa 1 l Fassungsvermögen) mit Klarsichtfolie auslegen.

4• Die Ricotta-Espresso-Masse mit der Eiercreme vermischen und die Sahne vorsichtig darunterziehen.

5• Die Creme in die Form geben, mit Klarsichtfolie abdecken und etwa 3 Stunden im Tiefkühlgerät gefrieren lassen.

6• Das Ricottaeis zum Servieren in Scheiben schneiden und mit den gehackten Pistazien garnieren.

Stammt aus dem Latium
Arbeitsaufwand: ca. 20 Min.
Gefrierzeit: ca. 3 Std.

Für 4 Personen

500 g sehr frischer Ricotta
(ital. Frischkäse)
1/8 l abgekühlter sehr starker
Espresso
100 g Zucker
4 frische Eigelbe
3 EL Sahne
1 TL Vanillezucker
4 EL weißer Rum
3 EL gehackte ungesalzene
Pistazien

GETRÄNKETIP

süßer Dessertwein, z.B.Moscato
oder Frascati amabile

TIRAMISÙ

MASCARPONECREME MIT LÖFFELBISKUITS

*Stammt allgemein aus Italien
Arbeitsaufwand: ca. 35 Min.
Kühlzeit: 3–5 Std.*

Für 4–6 Personen

*Für die Biskuitschicht:
2 EL Zucker
¼ l heißer, starker Kaffee
2 EL Kaffeelikör
100 g Löffelbiskuits*

*Für die Cremeschicht:
4 sehr frische Eigelbe
100 g Zucker
300 g Mascarpone (ital.
Frischkäse)
2 EL Kakaopulver*

1• Den Zucker in dem heißen Kaffee auflösen und abkühlen lassen.

2• Dann den Kaffeelikör dazugeben und die Hälfte der Löffelbiskuits in diese Mischung tauchen.

3• Eine rechteckige Gratinform (8 bis 10 cm hoch) mit der Hälfte der getränkten Biskuits auslegen.

4• Für die Creme die Eigelbe zusammen mit dem Zucker in einem warmen Wasserbad zu einer cremigen Masse aufschlagen. Den Mascarpone darunterrühren.

5• Die Hälfte der Eiercreme auf die Löffelbiskuits in der Form geben. Eine zweite Lage Löffelbiskuits einschichten und mit der restlichen Creme bedecken. Das Tiramisù im Kühlschrank in 3 bis 5 Stunden festwerden lassen.

6• Vor dem Servieren das Dessert üppig mit dem Schokoladenpulver bestäuben. Mit einem Spatel rechteckige Portionen abstechen und diese auf Tellern anrichten.

TIPS

• *Das Tiramisù braucht mindestens 3 bis 5 Stunden, bis es schnittfest ist.*

• *Verwenden Sie für dieses Dessert nur ganz frische Eier, und stellen Sie das Tiramisù bis zum Servieren in den Kühlschrank. Sie sollten es in jedem Fall am Zubereitungstag servieren.*

┌─ **GETRÄNKETIP** ─┐

süßer Dessertwein, z.B. Vinsanto (Toskana) oder Schaumwein

TOSKANA

Wo man in einem besonderen Licht tafelt

Toskana

„Bohnenesser" nennen die Italiener ihre toskanischen Landsleute. Und das ist bestimmt nicht böse gemeint. Denn neben Tomaten, Olivenöl und frischen Kräutern gehören nun einmal Bohnen zu den Grundsäulen der durchweg schlichten bäuerlichen Küche. Und wenn es darum geht, aus den einfachsten Zutaten wahre Delikatessen zu kochen, sind alle *mamme* wahre Künstlerinnen.

Wo Kunstlieb-haber und Gourmets voll auf ihre Kosten kommen

Unverwechselbarer Genuß für Auge und Gaumen

Ob nun der Dichter Dante oder der Maler und Bildhauer Michelangelo, der Seefahrer Amerigo Vespucci oder der Naturforscher Galilei – sie alle haben sich irgendwie von der herben Schönheit ihrer Heimat Toskana inspirieren lassen.

Doch es sind nicht nur die sanften Hügel mit den Olivenhainen, Weinbergen und Zypressenalleen in der Gegend um Siena, es sind auch die weißen Strände an der Versilia, die karge Landschaft in der Crete und die riesigen Kastanienwälder um Garfagnana, die immer wieder Tausende von Touristen anziehen.

Und es ist vor allem die toskanische Eßkultur, die durch Schlichtheit auf der einen Seite, durch Delikatesse auf der anderen verblüfft. Die Philosophie ist simpel: Nur beste, frische Zutaten und eine einfache Zubereitung garantieren unverfälschten Genuß.

Alles, was das Herz begehrt

Als Vorspeise kommen Schinken, *finocchiona* (mit Fenchel gewürzte, mortadellaähnliche Wurst), in reichlich Olivenöl gedünstete weiße Bohnen, *panzanella,* ein Salat aus eingeweichtem Brot, Sardellen, Zwiebeln, Tomaten, Basilikum und Olivenöl (Rezept S. 180) oder die berühmten *crostini,* mit Hühnerlebercreme bestrichene, geröstete Weißbrotscheiben (Rezept S. 178), auf den Tisch.

Zu den bekanntesten Hauptgerichten gehören das *bistecca alla fiorentina,* ein etwa 600 Gramm schweres gegrilltes und mit Olivenöl beträufeltes Stück Fleisch, das von den weißen Rindern aus dem Chianatal stammt, der *arista,* ein mit Knoblauch und Rosmarin gewürzter Schweinebraten oder am Spieß gebratenes Hähnchen.

Herzstück dieser Region, in der man so gut ißt und so gerne lebt, ist Florenz, unser erstes Reiseziel.

Florenz, die Kulturmetropole

Sie ist die Stadt des Michelangelo, der Uffizien und der Medici, kurzum: ein Mekka für alle Kunst- und Kulturfreunde. Immerhin warten hier fast 80 Kirchen und Klöster, rund 40 Museen und Galerien sowie 200 Paläste darauf, bestaunt zu werden.

Beginnen wir also dort, wohin es fast alle magisch hinzieht: an den Domplatz mit Kampanile, Baptisterium und dem Dom selbst mit seiner eindrucksvollen rot-weißen Kuppel und mit Michelangelos weltberühmter „Pieta".

Wir schlendern die elegante Via de Calzaniuoli, einen Prachtboulevard mit vielen Designerboutiquen, entlang zur Piazza della Signora mit dem berühmtesten und meistfotografierten Mann der Stadt, Michelangelos marmornem David. Den besten Blick auf ihn hat man übrigens vom schräg gegenüberliegenden „Café Rivoire". Bei einem *cappuccino* vergißt man dann auch

Toskana

schnell, daß das Mannsbild hier in der Altstadt nur eine Kopie ist. Das Original steht in der Galleria dell'Accademia.

Nicht weit vom Palazzo Vecchio liegt der Haupteingang zu den Uffizien, Italiens wichtigster und größter Gemäldesammlung. Über 4000 Kunstwerke, darunter auch Boticellis „Geburt der Venus", warten hier auf ihre Betrachter. Sie sollten sich genügend Zeit dafür nehmen.

Mit einem Bummel über die älteste der zehn Arnobrücken, die Ponte Vecchio mit ihren umtriebigen Juweliergeschäften, beenden wir unseren Spaziergang in einer

kleinen Bar in den Gäßchen rund um die Piazza della Republica. Nach soviel Kunst und Kultur haben wir uns ein Gläschen *Prosecco* redlich verdient.

Lucca und die Versilia

Umgeben von weiten Kastanienwäldern und prächtigen Renaissancevillen, inmitten wunderschöner Gärten, liegt Lucca. Die alte Kaufmannstadt hat ihren mittelalterlichen Charakter bis heute be-

wahrt: Enge Gassen, alte Häuser, *palazzi* und romanische Kirchen werden von einer über 4 Kilometer langen Mauer umschlossen.

In einem kleinen Laden in der Nähe der Piazza de San Michele erstehen wir ein paar Fläschchen Olivenöl aus den Colli Lucchesi. Das dort gepreßte Öl gehört zu den besten Olivenölen der Welt.

Über Pisa mit seinem sehenswerten „Schiefen Turm" geht es die toskanische Küste entlang, vorbei an Sandstränden und Pinienwäldern, nach Livorno, einem kulinarischen Schmelztiegel, der sowohl nordafrikanische, jüdische, libanesische und italienische Einflüsse vereint.

Wir verlassen die Küste und fahren weiter östlich ins Landesinnere. Vorbei an Volterra, der alten Etruskerstadt hoch oben auf einem Plateau an einem Hügel gelegen, kommen wir schnell in das nur 28 Kilometer entfernte San Gimignano. Bereits aus der Ferne erblicken wir über den Weinbergen die 14 Geschlechtertürme der Stadt.

Hier wird übrigens der berühmteste Weißwein der Toskana angebaut, der *Vernaccia di San Gimignano.* Und den lassen wir uns in einer *locanda* hoch oben über dem Hauptplatz mit einem herrlichen Blick auf das

Val d'Elsa, schmecken. Dazu gibt es übrigens *bruschetta,* geröstetes weißes Landbrot, das mit Knoblauch eingerieben, mit Salz bestreut und mit Olivenöl beträufelt wird – der pure Genuß!

Sehenswertes Siena

Sie gilt als Paradestück gotischer Architektur, ihre einmalige Atmosphäre bezaubert aber auch jeden „Kunstbanausen", die wunderschöne Stadt Siena. Schon von weitem erkennt man Siena an den vielen Zinnen und Türmchen.

Durch schmale Gäßchen, die zum Teil ziemlich steil ansteigen, vorbei an Palazzi und imposanten Turmbögen, erreichen wir über eine Freitreppe den Dom mit seiner berühmten Marmorfassade. Von dort sind es nur ein paar Schritte zur Piazza del Campo, dem wohl berühmtesten Platz Sienas mit seinem roten Backsteinpflaster. Hier findet zweimal im Jahr der *Palio*, ein ohne Sattel gerittenes Pferderennen statt – ein wirklich sehenswertes Spektakel.

Durch das Land des Gallo Nero

Olivenhaine wechseln mit Weinbergen ab, immer wieder führen Alleen schlanker Zypressen schnurgerade über sanfte Hügel zu stattlichen Weingütern oder kleinen Bauerngehöften – wir sind im Gebiet des schwarzen Hahns (*gallo nero*), dem Gütezeichen und Wappentier des Chiantigebietes. Denn nur Weine, die aus diesem etwa 70.000 Hektar großen Gebiet im Westen der Toskana stammen, dürfen sich *Chianti Classico* nennen.

Chiantiweine sind wohl die berühmtesten Rotweine Italiens. Sie werden aus den Rebsorten *Sangiovese, Canaiolo* und den weißen Trauben *Trebbiano* und *Malvasia* gewonnen. Chianti wird vorwiegend jung getrunken, die besten Sorten reifen drei Jahre als *riserva*.

Mit zunehmendem Alter immer besser wird der körperreiche, kräftige *Brunello di Montalcino*, einer der Spitzenrotweine der Toskana. Es ist eben nicht nur die Küche allein, die die Toskana so probierenswert macht.

Wildreiche Maremma

Ein noch vom Massentourismus weitgehend unberührtes Gebiet ist die Maremma im Süden der Toskana. War sie doch lange Zeit unbewohntes Sumpfgebiet, so finden wir heute einen blühenden Landstrich mit herrlichen Stränden, Wein- und Olivenhainen sowie Eichen- und Pinienwäldern vor.

Hier gibt es im Herbst nicht nur die besten Steinpilze, sondern auch reichlich Wild. Vor allem Wildschweine werden hier zur Jagdsaison aufs Köstlichste zubereitet. Unvergessen bleibt uns das *cinghiale alla cacciatora*, in Öl und Kräutern eingelegtes Wildschwein in einer Rotweinsauce, das uns die *mamma* in einer einfachen *trattoria* kochte ...

Stammt aus der Toskana
Arbeitsaufwand: ca. 25 Min.
Garzeit: 5–10 Min.

Für 4 Personen

40 g Frühstücksspeck
150 g Geflügelleber
1 EL feingehackte Schalotten
1 EL Olivenöl
3 EL Butter
Salz, Pfeffer aus der Mühle
1/2 EL gehackte Salbeiblätter
1 EL geriebener Parmesan
4 Scheiben Toastbrot

TIP
• Besonders appetitlich sehen die Lebertoasts aus, wenn Sie sie jeweils mit einem in Butter geschwenkten Salbeiblättchen garnieren.

CROSTINI CON FEGATINI DI POLLO

KLEINE LEBERTOASTS

1• Den Frühstücksspeck in feine Stücke schneiden. Die Geflügelleber putzen, waschen und grob zerkleinern.

2• Den Speck zusammen mit den Schalotten im Öl und in der Butter andünsten. Dann die Geflügelleber und die gewaschenen Salbeiblätter dazugeben. Nun das Ganze kurz andünsten und dann salzen und pfeffern.

3• Sobald die Leber nicht mehr rot ist, alles im Fleischwolf halbfein pürieren oder fein hacken. Die Masse mit Salz, Pfeffer und dem Parmesan abschmecken.

4• Nun den Backofen auf 200° C Oberhitze vorheizen. Das Brot toasten, in je 4 Dreiecke schneiden.

5• Die Lebermasse auf die kleinen Toasts häufen und etwa 1 Minute im Ofen überbacken.

FUNGHI AL FUNGHETTO

GEBRATENE STEINPILZE

1• Die Pilze putzen und in Scheiben schneiden. Sie 2 bis 3 Minuten in kochendem Salzwasser blanchieren, dann in ein Sieb geben und sofort mit reichlich kaltem Wasser abspülen.

2• Die Pilze auf Küchenpapier gut abtropfen lassen. Inzwischen die Zwiebel und die Knoblauchzehen schälen. Die Zwiebel in kleine Würfel schneiden und den Knoblauch durch die Presse drücken.

3• Das Olivenöl zusammen mit den Zwiebeln, der Petersilie und dem Knoblauch erhitzen. Die Pilze dazugeben und unter ständigem Wenden leicht anbraten. Die Steinpilze vor dem Servieren mit Salz und Pfeffer abschmecken.

GETRÄNKETIP

trockener Rotwein,
z.B. Chianti Classico (3–5 jährig)

Stammt aus der Toskana
Arbeitsaufwand: ca. 15 Min.
Garzeit: ca. 10 Min.

Für 4 Personen

300 g frische Steinpilze
Salz, schwarzer Pfeffer
aus der Mühle
1 Zwiebel
3 EL gehackte glatte Petersilie
6 EL Olivenöl
2–3 Knoblauchzehen

• *Die Pilze können auch mit Polentaschnitten serviert werden.*

• *Mit Sauce zubereitet, passen diese Pilze sehr gut als Beilage zu Reis oder Nudeln.*

Toskana

Stammt aus der Toskana
Arbeitsaufwand: ca. 25 Min.

Für 4 Personen

600 g altbackenes Brot
(siehe Tip)
Salz
2 EL Rotweinessig
6 EL kaltgepreßtes Olivenöl
2 Knoblauchzehen
2 große, rote Zwiebeln
16 Basilikumblätter
etwas schwarzer Pfeffer
aus der Mühle
4 reife, feste Tomaten

• Sie können weißes Landbrot,
Misch- oder Schwarzbrot nehmen.
Dunkles Fladenbrot schmeckt ebenfalls ausgezeichnet in diesem Brotsalat.

PANZANELLA

BROTSALAT
NACH TOSKANISCHER ART

1• Das Brot grob in Scheiben
schneiden, in eine Schüssel geben
und in kaltem Wasser 10 bis 15 Minuten einweichen.

2• Inzwischen etwas Salz mit dem
Essig verrühren. Das Olivenöl
nach und nach darunterrühren.
Den Knoblauch schälen und durch
die Presse dazudrücken.

3• Die Zwiebeln schälen und in
Ringe schneiden. Das Basilikum
waschen und trockentupfen. Kleine Basilikumblätter ganz belassen,
größere von Hand grob zerzupfen.

4• Das Brot nun auspressen, von
Hand zerzupfen und in eine Schüssel geben.

5• Die Zwiebeln und das Basilikum unter die Brotstücke heben.
Die Mischung mit der Essigsauce
übergießen und alles gut miteinander vermengen. Den Brotsalat
kräftig mit Pfeffer aus der Mühle
abschmecken.

6• Die Tomaten waschen, sechsteln oder achteln. Die Stücke
leicht salzen und den Salat damit
garnieren.

RISOTTO ALLA PAESANA

RISOTTO NACH BAUERNART

1• Die dicken Bohnen oder die Erbsen enthülsen. Die Bohnen zusätzlich enthäuten.

2• Die Zwiebel schälen und ebenso wie die Pancetta in kleine Würfel schneiden. Den Reis in 1 Eßlöffel Olivenöl leicht anrösten. Zwiebel- und Pancettawürfelchen hinzufügen und kurz mitdünsten.

3• Dann das Ganze mit dem Wein ablöschen. Sobald er vom Reis aufgesogen ist, nach und nach ½ l Brühe dazugeben. Den Reis etwa 10 Minuten bei mittlerer Hitze unter öfterem Rühren kochen.

4• Inzwischen die Zucchini und den Sellerie putzen, waschen und sehr klein würfeln. Die Tomaten entkernen, ausdrücken und kleinschneiden. Die Knoblauchzehe schälen und zerdrücken.

5• 2 Eßlöffel Öl erhitzen. Die Gemüsewürfelchen darin al dente dünsten. Sie dann mit Salz, Pfeffer und Knoblauch abschmecken. Das Gemüse, das Basilikum und die Petersilie unter den Reis heben. Etwa 5 Minuten weiterköcheln. Sollte der Risotto zu fest sein, die restliche Brühe dazugießen. Den Käse zum Risotto reichen.

Stammt aus der Toskana
Arbeitsaufwand: ca. 30 Min.
Garzeit: ca. 20 Min.

Für 4 Personen

400 g frische, dicke Bohnen
oder grüne Erbsen (mit Hülsen)
300 g Rundkornreis
(z. B. Vialone)
3 EL Olivenöl
1 große Zwiebel
50 g Pancetta (ital. Bauchspeck)
oder magerer Speck
⅛ l Weißwein
800 ml Gemüsebrühe
1 kleine Zucchini
1 Stange Staudensellerie
2 große geschälte Tomaten
(aus der Dose)
1 Knoblauchzehe
Salz, Pfeffer aus der Mühle
2 EL gehackte glatte Petersilie
3 EL feingeschnittenes
Basilikum
50 g geriebener Parmesan

OSSOBUCO AL VERDE

KALBSHAXEN WIE IN SAN GIMIGNANO

*Stammt aus der Toskana
Arbeitsaufwand: ca. 30 Min.
Garzeit: ca. 2 $^1/_2$ Std.*

Für 4 Personen

*4 Scheiben von der Kalbshaxe
à ca. 250 g
2 mittelgroße Zwiebeln
1 Knoblauchzehe
2 EL Olivenöl
Salz, Pfeffer aus der Mühle
$^1/_2$ l Weißwein (z.B. Vernaccia)
$^1/_2$ Lorbeerblatt
4 EL gemischte frische gehackte
Kräuter (Rosmarin, Basilikum,
Salbei, Oregano)
1 TL Speisestärke
3 EL Fleischbrühe
1 EL gehackte glatte Petersilie*

TIP

*• Dieses Gericht schmeckt besonders
gut, wenn man für die Sauce
Vernaccia di San Gimignano, den
ausdrucksvollen Weißwein aus der
Gegend um Siena, verwendet.*

1• Die Kalbshaxen waschen und trockentupfen. Die Zwiebeln und den Knoblauch schälen. Die Zwiebel fein würfeln und den Knoblauch durch die Presse drücken.

2• Das Olivenöl in einem Bräter erhitzen. Die Kalbshaxen darin beidseitig leicht anbraten, dann mit Salz und Pfeffer bestreuen. Die Zwiebeln dazugeben und unter Wenden glasig dünsten.

3• Etwa drei Viertel des Weißweins, den Knoblauch, das Lorbeerblatt und die Hälfte der Kräuter zum Fleisch geben. Das Ganze zugedeckt 1½ bis 2 Stunden bei schwacher Hitze schmoren lassen. Das Fleisch ab und zu mit der Bratenflüssigkeit begießen.

4• Das Fleisch nach der Schmorzeit aus dem Bräter nehmen und zugedeckt warm stellen.

5• Den Bratenfond durch ein Sieb geben und in den Bräter zurückgießen. Ihn zusammen mit dem restlichen Weißwein im offenen Bräter auf die Hälfte einkochen. Die Stärke mit der Brühe anrühren. Sie dann zur Sauce geben, gut umrühren und weiterkochen, bis diese leicht sämig wird.

6• Die restlichen Kräuter zur Sauce geben und abschließend alles noch einmal mit Salz und Pfeffer abschmecken.

7• Das Fleisch kurz in der Sauce erhitzen. Es dann auf Tellern mit der Sauce anrichten und mit Petersilie bestreut servieren.

GETRÄNKETIP

*trockener Weißwein,
z.B. Vernaccia
di San Gimignano
(2–3jährig)*

Stammt aus der Toskana
Arbeitsaufwand: ca. 25 Min.
Garzeit: ca. 45 Min.

Für 4 Personen

1 Poularde (ca. 1,5 kg)
4 Knoblauchzehen
2 geschälte Tomaten
(aus der Dose)
4 EL Olivenöl
je 1 Rosmarin- und Salbeizweig
3 Lorbeerblätter
50 g schwarze Oliven
(ohne Stein)
300 ml Weißwein
Salz, Pfeffer aus der Mühle
einige Fenchelsamen

POLLO IN UMIDO

GESCHMORTE POULARDE

1• Die Poularde waschen, trockentupfen und in 8 Stücke zerteilen. Die Knoblauchzehen schälen und grob zerdrücken. Die Tomaten grob würfeln.

2• Die Poulardenstücke im heißen Olivenöl von allen Seiten kräftig anbraten.

3• Nun den Knoblauch, die abgezupften Rosmarin- und Salbeiblätter, die Lorbeerblätter und die Oliven zur Poularde hinzufügen und alles mit dem Wein ablöschen.

Anschließend das Ganze mit Salz und Pfeffer würzen und die Fenchelsamen darauf streuen.

4• Die Poularde zugedeckt etwa ½ Stunde bei schwacher Hitze schmoren lassen. Falls nötig, noch etwas Wein nachgießen. Es soll keine Sauce, sondern nur dick eingekochter Bratensaft entstehen.

5• Die Poulardenstücke auf Tellern anrichten und mit dem Bratensaft begießen.

BRASATO D'AGNELLO AL ROSMARINO

LAMMROLLBRATEN MIT ROSMARIN

1• Den Knoblauch schälen und in schmale Stifte schneiden. Den Backofen auf 240°C vorheizen.

2• Das Fleisch salzen, pfeffern und mit den Rosmarinnadeln und den Knoblauchstiften spicken. Das Fleisch mit dem Öl bestreichen.

3• Das Fleisch in einer feuerfesten Form im Ofen etwa 15 Minuten goldbraun braten, es dabei ab und zu wenden.

4• Danach die Hitze auf 200°C reduzieren, das Fleisch mit Senf bestreichen und für weitere 20 bis 30 Minuten braten.

5• Das Fleisch aus dem Ofen nehmen und etwa 10 Minuten zugedeckt ruhen lassen. Inzwischen den Bratensaft mit 3 bis 4 Eßlöffeln Wasser lösen und im offenen Topf etwas einkochen. Den Lammrollbraten in Scheiben schneiden und mit der Sauce begießen.

Stammt aus der Toskana
Arbeitsaufwand: ca. 20 Min.
Garzeit: 40–50 Min.

Für 4 Personen

2 Knoblauchzehen
750 g ungefüllter
Lammrollbraten
Salz, Pfeffer aus der Mühle
1 TL Rosmarinnadeln
2 EL Olivenöl
2 EL Senf

TIP
• In Italien liebt man das Lamm-
fleisch eher durchgebraten.
Wenn Sie es rosa gegart mögen,
verkürzen Sie die gesamte Garzeit
auf 35 bis 40 Minuten.

Toskana

NODINO DI VITELLO AI GAMBERI

KALBSSTEAK MIT RIESENGARNELEN

Stammt aus der Toskana
Arbeitsaufwand: ca. 30 Min.
Marinierzeit: ca. 30 Min.
Garzeit: ca. 35 Min.

Für 4 Personen

Für die Garnelen:
12 vorgegarte Riesengarnelen
(frisch oder TK-Ware)
4 EL Olivenöl
1 EL Zitronensaft
Salz, Pfeffer aus der Mühle

Für die Sauce:
2 EL Olivenöl
2 EL Butter
1 EL Tomatenmark
1 EL Mehl
100 ml Weißwein
200 ml Hühnerbrühe
Salz, Pfeffer aus der Mühle
3 EL Sahne
1 EL Brandy (Weinbrand)

Für die Kalbssteaks:
4 Nodini (Kalbskotelettsteaks
mit dem Filet, ohne Knochen)
à ca. 180 g, (2 cm dick)
Salz, Pfeffer aus der Mühle
5 EL Olivenöl

TIP
• Sollten Sie keine Nodini finden,
können Sie auch Kalbskoteletts
oder Kalbssteaks auf die gleiche
Art zubereiten.

1• Von den Riesengarnelen die Köpfe und die Krusten ablösen. Diese für die Sauce beiseite stellen. Die Garnelen an den Rücken der Länge nach bis zur Hälfte einschneiden. Sie dann kurz waschen, dabei die Därme entfernen und anschließend mit Küchenpapier trockentupfen. Die Garnelen mit 2 Eßlöffeln Olivenöl, dem Zitronensaft, Salz und Pfeffer marinieren und bis zur Weiterverwendung in den Kühlschrank stellen.

2• Für die Sauce 2 Eßlöffel Olivenöl erhitzen. Die Garnelenkrusten und -köpfe darin anbraten. Das Tomatenmark und die Butter dazugeben und mitdünsten. Das Mehl darauf stäuben und kurz anschwitzen. Nun das Ganze mit dem Weißwein unter Rühren ablöschen. Die Hühnerbrühe dazugeben und alles 10 bis 15 Minuten kochen lassen.

3• Die Sauce durch ein Sieb gießen, nochmals aufkochen und mit Salz und Pfeffer abschmecken. Den Backofen auf 180°C vorheizen.

4• Die Sahne zur Sauce geben und alles im offenen Topf etwas einkochen lassen. Die Sauce abschließend mit dem Brandy verfeinern und warm halten.

5• Die Nodini (Kalbssteaks) mit Pfeffer würzen und in 2 Eßlöffeln Olivenöl auf beiden Seiten anbraten. Sie dann im Ofen 5 bis 10 Minuten weiterbraten und zuletzt salzen.

6• Die marinierten Garnelen kurz in den restlichen 2 Eßlöffeln Olivenöl anbraten.

7• Einen Saucenspiegel auf 4 flache Teller gießen und die Nodini zusammen mit den Riesengarnelen darauf anrichten.

GETRÄNKETIP

trockener Rotwein,
z.B. Vino Nobile
di Montepulciano
(6–10jährig)

ORATA ALLA GRATICOLA

GOLDBRASSE VOM GRILL

Stammt aus der Toskana
Arbeitsaufwand: ca. 20 Min.
Grillzeit: 12–16 Min.

Für 4 Personen

Für die Sauce:
3 Knoblauchzehen
4 EL gehackte glatte Petersilie
6 EL kaltgepreßtes Olivenöl
Salz, Pfeffer aus der Mühle

Für die Goldbrassen:
2 ausgenommene, ungeschuppte
Goldbrassen à ca. 600 g
Salz
1 kleiner Rosmarinzweig
4 EL Olivenöl

TIPS

• Zu stark gegrillter Fisch wird sehr schnell trocken. Die Fischhaut und die Schuppen schützen das zarte Fischfleisch davor.

• Außerhalb der Grillsaison können Sie den Fisch auch mit dem Grill des Backofens oder dem Elektrogrill zubereiten.

1• Den Grill ungefähr 30 Minuten vor der Zubereitung der Goldbrassen anzünden.

2• Für die Sauce den Knoblauch schälen und durch die Presse drücken. Ihn zusammen mit der Petersilie und dem Olivenöl verrühren und mit Salz und Pfeffer abschmecken.

3• Die ungeschuppten Fische innen und außen mit Salz einreiben. Je ½ Rosmarinzweig in die Bauchhöhlen legen.

4• Die Goldbrassen auf beiden Seiten jeweils mit 2 bis 3 schrägen Einschnitten versehen, mit Öl bepinseln und auf den Grillrost legen. Die Fische mit etwas Abstand zur heißen Glut grillen, dabei ab und zu mit etwas Öl bestreichen.

5• Das Grillgut nach 6 bis 8 Minuten vorsichtig wenden und für weitere 6 bis 8 Minuten grillen. Die Fische sind gar, wenn sich die Kiemenflossen mühelos herausziehen lassen. Die Goldbrassen vom Grill nehmen und bis zur Weiterverwendung etwa 5 Minuten neben dem Feuer nachgaren lassen.

6• Dann die Fischhaut samt den Schuppen vorsichtig abziehen. Die Fischfilets von den Gräten ablösen und sie mit der Sauce begießen.

GetränkeTip

trockener Weißwein,
z.B. Vernaccia
di San Gimignano
oder Chardonnay
(2–3jährig)

Toskana

Stammt aus der Maremma (Toskana)
Arbeitsaufwand: ca. 10 Min.
Garzeit: 12–14 Min.

Für 4 Personen

2 mittelgroße Seezungen,
küchenfertig vorbereitet
Salz, Pfeffer aus der Mühle
3 EL Butter
oder 2 EL Olivenöl
2 Zitronen

TIP

• Sie können die Fische vor dem Dämpfen mit Petersilie, feingeschnittenen Frühlingszwiebeln oder feingehacktem Knoblauch bestreuen.

SOGLIOLE AL PIATTO

SEEZUNGEN IM EIGENEN SAFT

1• 2 Töpfe etwa ein Drittel hoch mit Wasser füllen und dieses aufkochen. Inzwischen die Seezungen salzen und pfeffern.

2• 2 große Teller mit dem gleichen Durchmesser wie die Töpfe mit Butter oder Öl bestreichen und je eine Seezunge darauf legen.

3• Die beiden Teller mit je einem weiteren Teller abdecken und auf jeden Topf mit dem dampfenden Wasser stellen. Die Hitze etwas reduzieren.

4• Die Fische 12 bis 14 Minuten über dem Dampf garen. Inzwischen die Zitronen waschen, abtrocknen und halbieren.

5• Die Seezungen auf den heißen Tellern auftragen. Am Tisch die einzelnen Filets von den Gräten lösen und auf 4 Teller verteilen. Den Fischsaft auf die einzelnen Filets verteilen und die Filets nach Belieben mit Zitronensaft beträufeln.

FAGIOLI
ALLA FIORENTINA

WEISSE BOHNEN
NACH FLORENTINER ART

Stammt aus der Toskana
Arbeitsaufwand: ca. 20 Min.
Garzeit: ca. 35 Min.

Für 4 Personen

1 kg frische weiße Bohnen mit
Hülsen (z.B. Cannelini-Bohnen)
2 Knoblauchzehen
500 g geschälte Fleischtomaten
(aus der Dose)
6 EL Olivenöl
3–4 Salbeiblätter
Salz, Pfeffer aus der Mühle

1• Die Bohnen enthülsen und in kochendem Wasser 3 bis 4 Minuten blanchieren. Sie dann abgießen.

2• Den Knoblauch schälen und grob zerdrücken. Die Tomaten halbieren, den Saft und die Kerne auspressen und dann die Tomaten in kleine Würfel schneiden.

3• Den Knoblauch im heißen Olivenöl andünsten, die gewaschenen Salbeiblätter dazugeben und den Knoblauch Farbe annehmen lassen.

4• Nun die weißen Bohnen zum Knoblauch geben und 2 bis 3 Minuten dünsten. Danach die Tomatenwürfelchen hinzufügen, alles umrühren und die Bohnen zugedeckt ungefähr 30 Minuten bei schwacher Hitze schmoren lassen.

5• Wenn nötig, während der Garzeit sehr wenig Wasser dazugießen. Die Sauce soll sehr konzentriert sein. Vor dem Servieren Knoblauch und Salbei aus den Bohnen nehmen.

TIP

• Man kann für dieses Gericht auch getrocknete weiße Bohnen verwenden. In diesem Fall müssen Sie die Bohnen über Nacht im Wasser einweichen und danach, wie im Rezept beschrieben, zubereiten.

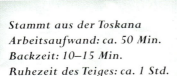

Toskana

FOCACCIA DI MANDORLE

MANDELFLADEN

Für 2 Springformen
(ca. 24 cm ø)

Für den Teig:
250 g gemahlene Mandeln
250 g Mehl
250 g weiche Butter

Für die Creme:
300 ml Milch
1 Vanilleschote
3–4 frische Eigelbe
100 g Zucker
2 EL Mehl

Außerdem:
3 EL Puderzucker
100 g Mandelstifte

1• Die Mandeln zusammen mit dem gesiebten Mehl und der Butter zu einem glatten Teig verarbeiten. Ihn in Klarsichtfolie eingewickelt etwa 1 Stunde im Kühlschrank ruhen lassen.

2• Den Backofen auf 180°C vorheizen. Den Teig in 2 Portionen teilen und auf 2 mit Backtrennpapier belegte Springformböden oder auf Backbleche geben. Den Teig etwa ½ cm dünn ausrollen und im Ofen 10 bis 15 Minuten goldgelb backen.

3• Inzwischen für die Creme die Milch mit der aufgeschlitzten Vanilleschote aufkochen.

4• Die Eigelbe zusammen mit dem Zucker und dem Mehl aufschlagen. Die kochende Milch dazugeben und alles miteinander verrühren.

5• Nun das Ganze in einem offenen Topf bei schwacher Hitze so lange schlagen, bis die Creme dick geworden ist und die Eigelbe gebunden sind, dabei darf die Creme nicht aufkochen.

6• Die Creme abkühlen lassen, zwischendurch immer wieder leicht aufrühren, damit sich keine Haut bildet. Die Mandelfladen nach dem Backen auf einem Kuchengitter abkühlen lassen.

7• Einen abgekühlten Mandelfladen mit der Creme bestreichen, den anderen daraufsetzen. Den Kuchen dicht mit Puderzucker bestäuben und die Mandelstifte darauf streuen.

TIPS

• *Sie können die Teigböden auch nacheinander backen, dann benötigen Sie nur 1 Springform.*

• *Noch besser schmecken die Mandelstifte, wenn Sie sie kurz vor dem Bestreuen in einer trockenen Pfanne leicht rösten.*

GETRÄNKETIP

süßer Dessertwein, z.B. Vinsanto

ZUCCOTTO

GEFRORENER NUSSKUCHEN

Stammt aus der Toskana
Arbeitsaufwand: ca. 1 Std.
Kühlzeit: ca. 10 Std.

**Für 1 runde Schüssel
(ca. 2 l Fassungsvermögen)**

80 g Mandelkerne
80 g Haselnußkerne
150 g Zartbitterschokolade
500 g Brioche (oder in einer
Kastenform gebackener
Sandkuchen- oder Biskuitteig)
ca. 60 ml Cognac, Maraschino
oder Orangenlikör
500 g Sahne
4 EL Zucker
3–4 EL kleingewürfelte kandierte Früchte (z.B. Zitronat oder
Orangeat)
3–4 EL Kakaopulver
1 EL Puderzucker

1• Zunächst die Mandeln und dann die Haselnüsse mit kochendem Wasser überbrühen. Die Nüsse schälen, mit Küchenpapier abtropfen und in einer Pfanne ohne Fettzugabe goldgelb rösten.

2• Die Nüsse abkühlen lassen und danach grob mahlen oder hacken. Die Schokolade mittelfein raspeln.

3• Die Brioche oder den andern Kuchenteig in etwa 1 ½ cm dicke Scheiben schneiden. Eine runde Schüssel (ca. 2 l Fassungsvermögen) mit Klarsichtfolie auslegen. Aus einer Teigscheibe einen kleinen Kreis (ø des Schüsselbodens) ausstechen und in die Schüssel legen.

4• Nun die restlichen Teigscheiben so schneiden, daß Streifen entstehen, die sich an einem Ende zu beiden Seiten verjüngen. Die Streifen auf einer Folie auslegen und mit der Hälfte des Cognacs oder des anderen Likörs beträufeln. Die Wände der Schüssel mit einem Teil der getränkten Teigstücke auslegen, dabei die sich verjüngenden Enden nach unten legen.

5• Die Sahne mit dem Zucker steifschlagen. Die Nüsse, den restlichen Likör, die Schokolade und die kandierten Früchte unter die Sahne heben und die Masse in die Schüssel füllen. Mit den restlichen Teigstreifen abschließen.

6• Die Schüssel mit Klarsichtfolie abdecken. Den Kuchen mindestens 10 Stunden gefrieren lassen.

7• Etwa 30 Minuten vor dem Servieren den gefrorenen Nußkuchen aus dem Tiefkühlgerät nehmen und im Kühlschrank antauen lassen. Das Kakaopulver mit dem Puderzucker mischen. Den Kuchen stürzen und mit der Kakao-Puderzucker-Mischung bestäuben. Den Zuccotto in Stücke schneiden.

TIP

• *In der Toskana werden die in diesem Rezept angegebenen Liköre oft gemischt.*

Variation

• Man kann den Zuccotto auch mit 2 verschiedenen Eissorten füllen. Sehr gut eignen sich Schokoladeneis und Vanilleeis mit kandierten Früchten. Füllen Sie die mit den getränkten Teigstreifen ausgelegte Schüssel schichtweise mit jeweils 500 g der jeweiligen Eissorte (leicht cremig geschmolzen). Stellen Sie den Zuccotto in diesem Fall für mindestens 3 Stunden in das Tiefkühlgerät.

GETRÄNKETIP

süßer Dessertwein,
z.B. Vinsanto

LIGURIEN

Kräutergarten im Norden
mit Seefahrertradition

Ligurien

Es können nicht nur Schiffs-
zwieback und Salzheringe
gewesen sein, die die Seefahrer zu Zeiten des Chri-
stoph Columbus die mona-
telangen Strapazen auf hoher See so tapfer ertragen
ließen. Viel eher war es wohl
die Vorfreude auf die knak-
kigen Gemüsegerichte mit
all den aromatischen Kräutern ihrer Heimat Ligurien,
mit denen die Genueser Ma-
trosen dann zu Hause so
richtig verwöhnt wurden.

Ligurien

WO ES SICH DIE ELEGANZ SCHMECKEN LÄSST

Palmen an der Riviera

Sie ist das Synonym des Südens schlechthin – 350 Kilometer langer Strand und gleich dahinter hoch ansteigende Felsen, ein elegantes Seebad neben dem anderen, blauer Himmel, blaues Meer, Palmen, Öl-bäume und eine Blütenpracht, die ihresgleichen sucht. Doch die italienische Riviera ist nur das eine Gesicht Liguriens.

Das andere sind fruchtbare Täler mit kleinen verschlafenen Bergdörfern, unzähligen Burgen und gotischen Kirchen und mit einer Küche, die Anspruch auf die Erfindung zweier weltberühmter Gerichte hat: der *ravioli* (Rezepte S. 204 und 208) und der *minestrone*.

Zur letzteren gehört eine weitere Spezialität Liguriens: der *pesto* (Rezept S. 208), eine herrlich duf-tende Basilikumsauce, die man vor allem über die *trenette,* die eckigen Spaghetti gießt.

Das Mittelmeer liefert köstliche *frutti di mare,* doch nichtsdestotrotz mögen die Ligurier auch getrockneten, gesalzenen Kabeljau, den sie *stoccafisso* oder *baccalà* (Rezept S. 210) nennen.

An der Blumenriviera

Elegante Palazzi, gepflegte Parks, Luxushotels und die längste Pal-menpromenade – wir sind in San Remo, dem berühmtesten Ferien-ort der Riviera di Ponente und gleichzeitig Zentrum der soge-nannten Blumenriviera.

Östlich und westlich der Stadt wer-den Millionen von Nelken und Tausende von Rosen und Chrysan-themen gezüchtet. Und so ist auch der farbenprächtige Blumenmarkt, der allmorgendlich gleich hinter der Rokokokirche Santa Maria degli Angeli stattfindet, ein loh-nenswertes Ziel.

In Imperia verlassen wir die Kü-stenstraße, die sich malerisch durch die üppige Mittelmeervege-tation schlängelt und fahren nur wenige Kilometer nördlich nach Pontedassio, um das dortige Spa-ghetti-Museum zu besichtigen.

Vorbei an weitläufigen Olivenhai-nen kommen wir nach Dolcedo, der Hochburg des ligurischen Oli-venanbaus. Wenn sein Anteil auch nur ein Sechstel der toskanischen Produktion beträgt, so gilt das li-gurische Olivenöl unter Kennern als echter Geheimtip.

Aus dieser Provinz stammen aber auch hervorragende Weine, so die weißen *Pigato* und *Vermentino* und die roten *Rossese* und *Dolcetto.*

Die Palazzi von Genua

Genau in der Mitte, zwischen Ri-viera di Ponente im Westen und der Riviera di Levante im Osten, liegt Genua, die Hauptstadt Liguri-ens und darüber hinaus die wich-tigste Hafenstadt Italiens.

Mit seinen spektakulären Palazzi der Genueser Adelsgeschlechter an der Prachtpromenade Via Garibaldi sowie mit der langen Hafenprome-nade, dem Corso Italia, bietet Ge-nua immer wieder Anlaß, den Ri-vieraurlaub für einen Stadtbummel zu unterbrechen.

Luxus in Portofino

Auch wenn inzwischen anstelle alter Fischerboote Luxusyachten im kleinen Hafen dümpeln, so hat sich Portofino doch noch den An-schein eines ligurischen Fischer-dorfes bewahrt.

Malerisch liegt es an der Riviera di Levante, inmitten von Palmen, Pi-nien und prächtigen Villen. Hier und auch in Santa Margherita tum-melt sich heute der internationale Jet-set.

Wilde Schönheit Cinque Terre

Terrassenförmig angelegte Wein-berge, steile Felsküste und fünf malerische Fischer- und Weindör-fer, das ist die Cinque Terre im Süden Liguriens.

Das Gebiet zwischen den Landspit-zen von Mesco und Montenero erforschen wir auf Schusters Rap-pen. Denn die enge, kurvenreiche Straße ist zur Hauptsaison ohnehin verstopft, zudem sieht sie nicht gerade vertrauenerweckend aus.

Auf uralten Wegen, vorbei an Kakteen und Agaven, kann man von Dorf zu Dorf wandern. Und dort warten – sozusagen als Beloh-nung – hervorragende trockene, sehr aromatische Weißweine und der *Sciacchetrà,* ein kräftiger Des-sertwein, für den sich selbst der weiteste Fußmarsch lohnt . . .

MINESTRA DI ZUCCHINI CON LE COZZE

ZUCCHINISUPPE MIT MUSCHELN

Stammt aus Ligurien
Arbeitsaufwand: ca. 35 Min.
Garzeit: ca. 30 Min.

Für 4 Personen

500 g Zucchini
2 mittelgroße Zwiebeln
1 Knoblauchzehe
3 EL Olivenöl
700 ml Geflügelbrühe
Salz, Pfeffer aus der Mühle
150 g Sahne
500 g Miesmuscheln
5 EL Weißwein
1 EL feingeschnittenes
Basilikum

TIP

• *Sie können die Miesmuscheln durch Venusmuscheln (Vongole) ersetzen. In diesem Fall müssen Sie diese vor dem Kochen für 1 bis 2 Stunden in kaltes Wasser legen, damit der Sand von den Muscheln gelöst wird.*

1• Die Zucchini waschen, putzen und in Stücke schneiden. Die Zwiebeln und den Knoblauch schälen. Die Zwiebeln sehr fein schneiden und den Knoblauch durch die Presse drücken. Alles bis auf 2 Eßlöffel feingeschnittene Zwiebeln in 2 Eßlöffeln Olivenöl andünsten, ohne Farbe nehmen zu lassen.

2• Nun die Brühe dazugießen und alles mit Salz und Pfeffer würzen. Das Ganze zugedeckt etwa 25 Minuten leise köcheln lassen. Zum Schluß die Sahne dazugeben und alles im Mixer fein pürieren.

3• Die Muscheln gründlich waschen und die Bärte herausziehen. Bereits geöffnete Muscheln wegwerfen, denn sie sind verdorben.

4• In einem weiteren Topf die restlichen feingeschnittenen Zwiebeln in 1 Eßlöffel Öl glasig dünsten.

Die Muscheln und den Wein hinzufügen und mit Pfeffer würzen. Die Muscheln zugedeckt etwa 5 Minuten garen, bis sich die Schalen öffnen. Die Muscheln abgießen und den Fond auffangen.

5• Ungeöffnete Muscheln wegwerfen, sie sind verdorben. Das Muschelfleisch aus den geöffneten Schalen lösen und zusammen mit dem Fond zur Zucchinisuppe geben. Die Suppe in tiefe Teller geben und mit dem Basilikum bestreuen.

GETRÄNKETIP

trockener Weißwein,
z.B. Vermentino d'Imperia
oder Cinqueterre
(1–2jährig)

Ligurien

Stammt aus Ligurien
Arbeitsaufwand: ca. 50 Min.
Ruhezeit des Teiges: ca. 30 Min.
Garzeit: ca. 40 Min.

Für 4 Personen

Für den Teig:
1 Döschen Safranpulver
(ca. 0,1 g)
1 Grundrezept für Nudelteig
(S. 100)
etwas Mehl

Für die Sauce:
1 Karotte
1 Stange Lauch
1 Zucchino
1 geschälte Tomate
(aus der Dose)
4 große oder 8 kleine
vorgekochte Garnelen
(frisch oder TK-Ware)
8 sehr kleine Tintenfische
(z.B. Seppia, Pulpito oder
Moscardino)
Salz
2 EL Butter
weißer Pfeffer aus der Mühle

TAGLIATELLE GIALLE CON VERDURA E FRUTTI DI MARE

SAFRANNUDELN MIT GEMÜSE UND MEERESFRÜCHTEN

1• Das Safranpulver mit den Eiern aus dem Grundrezept für Nudelteig verrühren und dann, wie in der Zubereitungsanweisung (S. 100) beschrieben, aus den weiteren Zutaten für Nudelteig einen elastischen Teig herstellen. Ihn zu einer Kugel formen und mit einem Küchentuch abgedeckt etwa 30 Minuten ruhen lassen.

2• Inzwischen die Karotte, den Lauch und den Zucchino putzen und waschen. Die Karotte schälen und dann ebenso wie den Lauch und den Zucchino in feine Streifen schneiden. Die Tomate entkernen und in kleine Stücke schneiden.

3• Die Garnelen kurz abwaschen und in leicht gesalzenem Wasser aufkochen. Sie dann herausnehmen, die Krusten, Köpfe und Därme entfernen. Die Garnelen bis zur Weiterverwendung beiseite stellen.

4• Die Tintenfische sorgfältig waschen und putzen (siehe S. 104). Sie dann halbieren und in leicht gesalzenem Wasser 10 bis 15 Minuten bei mittlerer Hitze garen.

5• Anschließend die Karottenstreifen in der Butter andünsten. Nun die Tintenfische und etwa 2 Minuten später das restliche Gemüse dazugeben und alles bei schwacher Hitze etwa 15 Minuten garen.

6• Den Nudelteig auf einer bemehlten Arbeitsfläche mit einem Nudelholz sehr dünn ausrollen und in feine Streifen schneiden. Diese in kochendes Salzwasser geben und darin etwa 50 Sekunden „al dente" kochen. Die Tagliatelle danach in einem Sieb abtropfen lassen.

7• Die Garnelen unter die Gemüsesauce heben und kurz darin erwärmen. Alles mit Salz und Pfeffer abschmecken. Die Sauce mit den Tagliatelle mischen und auf großen Tellern anrichten.

GETRÄNKETIP

trockener Weißwein,
z.B. Vermentino (1–2jährig)

RAVIOLI VERDI CON FORMAGGIO DI CAPRA

GRÜNE ZIEGENKÄSERAVIOLI

*Stammt aus Ligurien
Arbeitsaufwand: ca. 1 Std.
Ruhezeit des Teiges: ca. 30 Min.
Garzeit: ca. 3 Min.*

Für 4 Personen

*Für den Teig:
1 Grundrezept Nudelteig
(S. 100)
200 g feingehackter Spinat
(TK-Ware)
2 EL Öl
etwas Mehl*

*Für die Füllung:
130 g frischer Ziegenkäse
100 g Ricotta (ital. Frischkäse)
3 frische Eigelbe
80 g geriebener Parmesan
1 1/2 EL gehackte gemischte
Kräuter (z.B. Petersilie,
Oregano, Majoran)
Salz, Pfeffer aus der Mühle
Muskat*

*Außerdem:
etwas Mehl
3 EL kaltes Wasser
50 g geriebener Parmesan*

GETRÄNKETIP

*trockener Rotwein,
z.B. Rossese di Liguria
oder Rossese di Dolceacqua
(2–3jährig)*

1• Nach der Zubereitungsanweisung (S. 100) aus den Zutaten für das Grundrezept Nudelteig zusammen mit dem gut ausgedrückten Spinat, dem Olivenöl und etwas Mehl einen elastischen Teig herstellen. Diesen zu einer Kugel formen und mit einem Küchentuch abgedeckt etwa 30 Minuten ruhen lassen.

2• Inzwischen den Ziegenkäse sowie den Ricotta durch ein feinmaschiges Sieb streichen und mit den Eigelben glattrühren.

3• Den Parmesan und die Kräuter daruntermischen und die Masse mit Salz, Pfeffer und Muskat abschmecken. Sie dann einige Minuten quellen lassen.

4• Den Teig nach der Ruhezeit auf einer bemehlten Arbeitsfläche mit dem Nudelholz dünn (etwa 1 mm) ausrollen. Ihn dann in etwa 8 cm breite Streifen schneiden.

5• Die Ziegenkäsefüllung nun mit Hilfe von 2 Teelöffeln portionsweise im Abstand von etwa 6 cm in die Mitte der Teigstreifen setzen.

6• Die Zwischenräume dünn mit kaltem Wasser bestreichen und dann die eine lange Seite des Teigstreifens über die Füllung auf die andere lange Seite klappen. Die Ränder fest andrücken, damit die Füllung nicht herausquillt.

7• Den Teig mit einem Teigrädchen entlang der Füllungsportionen in Vierecke schneiden. Die Ravioli für kurze Zeit auf ein bemehltes Küchentuch aus Stoff legen.

8• Die Ravioli in kochendes Salzwasser geben, die Hitze reduzieren und die Nudeln im offenen Topf in etwa 3 Minuten garziehen lassen. Sie danach in einem Sieb abtropfen lassen und auf Tellern anrichten. Die Ravioli bei Tisch nach Belieben mit dem Parmesan bestreuen.

TIPS

• *Eine pikante Tomatensauce (S. 206) rundet diese Ravioli geschmacklich sehr gut ab.*

• *Sie können auch weißen Nudelteig (S. 100) mit der Ziegenkäsemasse füllen. Der grüne Teig läßt das Gericht aber noch etwas edler anmuten.*

Stammt allgemein aus Italien
Arbeitsaufwand: ca. 30 Min.
Kochzeit: ca. 1¹/₄ Std.

Für 4 Personen

5–6 Basilikumblätter
2–3 Petersilienzweige
3–4 Sellerieblätter
1 Zwiebel
1 kg längliche Tomaten
3 EL Olivenöl oder 5 EL Butter
1 Lorbeerblatt
¹/₂ TL Thymianblätter
Salz, Pfeffer aus der Mühle
2 Knoblauchzehen

• Wenn Sie außerhalb der Saison keine frischen, reifen Tomaten bekommen, machen Sie es wie die Italiener, und verwenden Sie geschälte Tomaten aus der Dose.

SALSA DI POMODORO

TOMATENSAUCE

1• Die Basilikumblätter, die Petersilie und die Sellerieblätter waschen und trockentupfen. Sie zerzupfen oder hacken. Die Zwiebel schälen und in kleine Würfel schneiden. Die Tomaten für etwa 15 Sekunden in kochendes Wasser tauchen, dann abschrecken und enthäuten. Sie anschließend etwas zerkleinern.

2• Die Kräuter mit der Zwiebel in Olivenöl oder in der Butter leicht dünsten. Die Tomaten kurz mitdünsten.

3• Lorbeer und Thymian dazugeben und alles zugedeckt bei schwacher Hitze etwa 1 Stunde köcheln lassen. Wenn nötig, 1 bis 2 Eßlöffel Wasser dazugeben.

4• Die Sauce durch ein Sieb streichen und eventuell noch etwas einkochen lassen. Sie soll eine sämige Konsistenz haben.

5• Den Knoblauch schälen und durch die Presse drücken. Die Sauce mit Salz, Pfeffer und nach Belieben mit Knoblauch würzen.

SALSA DI NOCI

NUSS-SAUCE

1• Die Walnußkerne und die Pinienkerne in einer Pfanne ohne Fettzugabe leicht rösten.

2• Die Nüsse etwas abkühlen lassen und in einem Mörser zerstoßen oder im Allesschneider fein mahlen.

3• Danach den Knoblauch schälen und ebenso wie den Majoran oder die Petersilie separat im Mörser zerstampfen. Anschließend beides in 2 Eßlöffeln Olivenöl oder in Butter leicht andünsten. Wenn nötig, das Ganze noch etwas feiner zerstampfen oder hacken.

4• Den Knoblauch und die Kräuter mit den gemahlenen Nüssen mischen. Den Ricotta oder die Dickmilch mit 1 Eßlöffel Wasser leicht verrühren, dazugeben und alles gut mischen.

5• Die restlichen 2 Eßlöffel Öl nach und nach darunterrühren. Zum Schluß die Sauce mit Salz, Pfeffer und je nach Geschmack mit dem Parmesan abschmecken.

Stammt aus Ligurien
Arbeitsaufwand: ca. 30 Min.

Für 4 Personen

150 g Walnußkerne
50 g Pinienkerne
1 Knoblauchzehe
2 EL gehackter Majoran
oder Petersilie
4 EL Olivenöl
oder 50 g Butter
100 g Ricotta (ital. Frischkäse)
oder Dickmilch
Salz
weißer Pfeffer aus der Mühle
2 EL Parmesan

TIP

• *Die Nudeln, die man zur kalten Nußsauce dazu serviert, müssen sehr heiß sein.*

Ligurien

RAVIOLI ROSSI AL PESTO

ROTE RAVIOLI MIT BASILIKUMSAUCE

Stammt aus Ligurien
Arbeitsaufwand: ca. 1 1/2 Std.
Ruhezeit des Teiges: ca. 30 Min.
Garzeit: ca. 3 Min.

Für 4 Personen

Für den Teig:
1 Grundrezept Nudelteig
(S. 100)
4 EL Tomatenmark
etwas Mehl

Für die Füllung:
225 g Ricotta (ital. Frischkäse)
1 frisches Ei
1 frisches Eigelb
3 EL Butter
100 g geriebener Parmesan
1 EL gehacktes Basilikum
Salz, Pfeffer aus der Mühle
Muskat

Für die Basilikumsauce
(Grundrezept für Pesto alla
genovese):
1 EL Pinienkerne
150 g großblättriges Basilikum
3 Knoblauchzehen, Salz
3 EL geriebener Parmesan
3 EL geriebener Pecorino sardo
(sardischer Schafskäse)
6 EL kaltgepreßtes Olivenöl

Außerdem:
etwas Mehl
3 EL kaltes Wasser

TIPS

• *Pesto kann man, mit genügend Öl bedeckt, im Kühlschrank 3 bis 4 Wochen aufbewahren.*

• *Sie können Pesto auf Vorrat einfrieren. Lassen Sie jedoch den Knoblauch und den Käse weg, und rühren Sie diese erst am Verwendungstag unter die aufgetaute Paste.*

1• Aus den Zutaten für das Grundrezept Nudelteig nach der Zubereitungsanweisung (S. 100) einen elastischen Teig herstellen, dabei das Tomatenmark mit den Eiern verrühren und unterkneten. Den Teig für etwa 30 Minuten mit einem Küchentuch abgedeckt kühl stellen.

2• In der Zwischenzeit für die Füllung den Ricotta durch ein feinmaschiges Sieb streichen. Das Ei und das Eigelb darunterrühren, bis eine glatte Masse entsteht.

3• Die Butter schmelzen lassen und tropfenweise zu der Masse geben. Alles mit Parmesan und Basilikum mischen und mit Salz, Pfeffer und Muskat würzen. Die Ricottamasse bis zur Weiterverarbeitung kühl stellen.

4• Inzwischen die Basilikumsauce (Pesto) zubereiten. Dazu die Pinienkerne in einer Pfanne ohne Fettzugabe hellgelb rösten. Die Basilikumblätter abzupfen, waschen und trockentupfen.

5• Den Knoblauch schälen, grob zerdrücken und in einen Mörser geben. Etwas Salz und die Basilikumblätter dazugeben und alles zu einer sämigen Masse zerstampfen.

6• Nun Pinienkerne und Käse zur Basilikum-Knoblauch-Masse geben und alles so lange im Mörser zerstoßen, bis eine feinkörnige Paste entsteht.

7• Abschließend das Öl langsam unter die Paste rühren, damit es

gleichmäßig verteilt wird. Den Pesto bis zur Weiterverwendung kühl stellen.

8• Den Teig nach der Ruhezeit auf einer bemehlten Arbeitsfläche mit dem Nudelholz dünn (etwa 1 mm) ausrollen und daraus 2 gleich große Teigplatten schneiden.

9• Die Ricottamasse mit Hilfe von 2 Teelöffeln portionsweise im Abstand von 4 bis 6 cm auf die eine Teigplatte setzen.

10• Die Zwischenräume dünn mit kaltem Wasser bestreichen und dann die andere Teigplatte auf die gefüllte legen.

11• Aus dem Teig mit einem runden gezackten Ausstechförmchen Kreise ausstechen. Die Ränder fest andrücken, damit die Füllung nicht herausquillt. Die Ravioli für kurze Zeit auf ein bemehltes Küchentuch aus Stoff legen.

12• Die Ravioli in kochendes Salzwasser geben, die Hitze reduzieren und die Nudeln im offenen Topf in etwa 3 Minuten garziehen lassen. Sie danach in einem Sieb abtropfen lassen, dabei den Sud auffangen.

13• Den Pesto mit 2 Eßlöffeln des Kochsuds mischen und zusammen mit den roten Ravioli auf Tellern anrichten.

BACCALÀ MONTAGLIARI

STOCKFISCH MIT TOMATEN

Stammt aus Ligurien
Arbeitsaufwand: ca. 40 Min.
Garzeit: ca. 15 Min.
Wässern des Fisches: ca. 2 Tage

Für 4 Personen

800 g Stockfisch (siehe Tip)
2–3 EL Mehl
5 EL Olivenöl
4 Knoblauchzehen
1 Bund Petersilie
500 g geschälte Tomaten (aus der Dose)
Salz
Pfeffer aus der Mühle

1• Den Stockfisch mindestens 2 Tage vor der Zubereitung gründlich wässern. Dabei des öfteren das Wasser wechseln.

2• Nachdem der Stockfisch weich ist, ihn säubern, Haut und Gräten entfernen und den Fisch in Stücke schneiden.

3• Die Fischstücke mit dem Mehl bestäuben und in 2 Eßlöffeln Öl von allen Seiten goldgelb anbraten. Den Knoblauch schälen und 2 ganze Knoblauchzehen mitrösten. Danach die Fischstücke auf Küchenpapier abtropfen lassen.

4• Für die Sauce die Petersilie waschen und ebenso wie den restlichen Knoblauch grob zerkleinern. Beides in den restlichen 3 Eßlöffeln Öl mitdünsten.

5• Die Tomaten etwas zerkleinern und dazugeben. Alles mit Salz und Pfeffer würzen und aufkochen. Zum Schluß die Fischstücke dazugeben, pfeffern und 4 bis 5 Minuten in der Sauce ziehen lassen.

TIP

• Stockfisch ist in Salz eingelegter und getrockneter Kabeljau. Je länger er vor seiner Verwendung gewässert wird, desto milder und zarter wird er.

GETRÄNKETIP

trockener Weißwein, z.B. Vermentino Riviera (1–2jährig)

Ligurien

Stammt aus Ligurien
Arbeitsaufwand: ca. 30 Min.
Garzeit der Muscheln: 3–4 Min.

Für 4 Personen

2 kg Miesmuscheln
3 Knoblauchzehen
3 EL Olivenöl
200 ml Weißwein
Salz, Pfeffer aus der Mühle
2 EL gehackte glatte Petersilie

TIP
• Man kann auch andere Muschel-
sorten, z.B. Vongole (Venusmu-
scheln) oder Telline (Tellermu-
scheln) auf diese Art zubereiten.

COZZE ALLA MARINARA

MUSCHELN NACH FISCHERART

1• Die Muscheln gründlich waschen und die Bärte herausziehen.
Bereits geöffnete Muscheln wegwerfen, denn sie sind verdorben.

2• Die Muscheln ohne Flüssigkeit
in einen hohen Topf geben und zugedeckt erhitzen, bis sich die Schalen öffnen. Nach 3 bis 4 Minuten
prüfen, ob dies der Fall ist. Ansonsten die Muscheln noch einige
Minuten weitererhitzen.

3• Die Muscheln abgießen, dabei
den ausgelaufenen Muschelsaft auffangen und durch ein Papierfilter
oder ein Tuch geben. Die Muscheln

bis zur Weiterverwendung warm
stellen. Geschlossene Muscheln
aber aussortieren und wegwerfen.

4• Die Knoblauchzehen schälen,
sehr fein würfeln und im Öl
hellgelb dünsten. Den Weißwein
dazugeben und im geöffneten Topf
auf die Hälfte einkochen lassen.
Den Muschelsud dazugießen
und die Sauce mit wenig Salz
und frischgemahlenem Pfeffer
abschmecken.

5• Die Muscheln in Suppenteller
geben, mit der Sauce begießen und
mit Petersilie bestreut servieren.

PATATE ALLA GENOVESE

KARTOFFELN MIT SARDELLEN

1• Die Kartoffeln schälen und in etwa ½ cm dicke Scheiben schneiden.

2• Die Sardellenfilets fein hacken und mit dem Olivenöl und der Butter in einer schweren Bratpfanne (am besten aus Gußeisen) erhitzen.

3• Die Kartoffeln hineingeben und im Öl wenden. Sie zugedeckt braten, bis sie schön knusprig sind. Dabei die Kartoffeln des öfteren wenden.

4• Die Knoblauchzehen schälen und durch die Presse drücken. Sie mit der Petersilie unter die Kartoffeln mischen. Zum Schluß alles salzen und Pfeffer direkt aus der Mühle darauf mahlen. Die Kartoffeln sofort servieren.

Stammt aus Ligurien
Arbeitsaufwand: ca. 15 Min.
Garzeit: ca. 15 Min.

Für 4 Personen

600 g gekochte Pellkartoffeln
4 Sardellenfilets
(aus dem Glas)
3 EL Olivenöl
2 EL Butter
2 Knoblauchzehen
3 EL gehackte Petersilie
Salz
schwarzer Pfeffer
aus der Mühle

GETRÄNKETIP

trockener Weißwein,
z.B. Vermentino oder Cinqueterre
(1–2jährig)

TORTA VERDE

GRÜNE TORTE

Stammt aus Ligurien
Arbeitsaufwand: ca. 40 Min.
Ruhezeit des Teiges: ca. 30 Min.
Garzeit: ca. 15 Min.
Backzeit: 35–40 Min.

Für 4 Personen

Für den Teig:
250 g Mehl
1 frisches Ei
100 ml Olivenöl
¹/₂ TL Salz
Öl für die Form

Für die Füllung:
500 g Mangold- oder
Spinatblätter
1 große Zwiebel
1 Knoblauchzehe
100 g frische Champignons
(oder andere frische Pilze)
oder 20 g getrocknete, in Wasser
eingeweichte Pilze
8 Sardellenfilets (aus dem Glas)
2 EL Olivenöl
200 g grüne Erbsen (TK-Ware)
2 EL gehacktes Basilikum
2 frische Eier
100 g Ricotta (ital. Frischkäse)
Salz, Pfeffer aus der Mühle

TIP
• Frisch gebacken schmeckt die grüne Torte am besten. Sie können sie aber auch etwa 30 Minuten vorbacken und 10 Minuten vor dem Servieren bei 190°C fertigbacken.

1• Das Mehl in eine Schüssel geben und darin eine Mulde bilden. Das Ei verquirlen und mit dem Öl und dem Salz ebenfalls in die Schüssel geben. Alle Zutaten rasch zu einem einheitlichen Teig verkneten und ihn dann an einem kühlen Ort zugedeckt 30 Minuten ruhen lassen.

2• Die Mangold- oder die Spinatblätter sorgfältig waschen und verlesen. Sie dann in feine Streifen schneiden. Die Zwiebel und den Knoblauch schälen. Die Zwiebel würfeln und den Knoblauch durch die Presse drücken. Die Champignons putzen und in Scheiben schneiden. Die Sardellen etwas zerkleinern.

3• Das Olivenöl erhitzen und darin die Zwiebel und den Knoblauch andünsten. Dann die Mangold- oder die Spinatstreifen und die Champignons dazugeben und alles 8 bis 10 Minuten dünsten, bis die Flüssigkeit verdampft ist.

4• Etwa 4 Minuten vor Ende der Garzeit die Erbsen dazugeben. Dann das Ganze etwas abkühlen lassen. Danach das Basilikum und die Sardellen unter das Gemüse mischen.

5• Eine Springform (26 cm ø) mit Öl einfetten. Den Backofen auf 220°C vorheizen. Die Form mit dem Teig auskleiden. Den Teigboden mit einer Gabel mehrmals einstechen.

6• Die Eier zusammen mit dem Ricotta schaumig schlagen und mit Salz und Pfeffer abschmecken. Die Hälfte davon unter das Gemüse mischen. Die Gemüse-Ricotta-Masse nun auf dem Teigboden verteilen und die restliche Ei-Ricotta-Mischung darübergießen.

7• Die Gemüsetorte in den Ofen schieben und auf der mittleren Schiene 35 bis 40 Minuten backen. Falls sie oben zu schnell bräunt, die Oberfläche mit Aluminiumfolie abdecken.

GETRÄNKETIP

trockener Weißwein,
z.B. Vermentino d'Imperia
oder Vermentino di Savona
(1–2jährig)

Ligurien

SEMIFREDDO DI CASTAGNE

KASTANIENPARFAIT

Stammt aus Ligurien
Arbeitsaufwand: ca. 1 Std.
Garzeit: 30–40 Min.
Gefrierzeit: 4–5 Std.

Für 4–6 Personen

500 g Eßkastanien (Maronen)
$^1/_2$ l Milch
1 Prise Salz
1 Vanilleschote
150 ml Wasser
150 g Zucker
4 frische Eigelbe
1–2 EL Kirschwasser oder Rum
300 g Sahne

TIPS

• Sie können auch Portionsförmchen mit der Creme füllen und die später gestürzten Parfaits mit Vanillesauce umgießen.

• Sie können sehr viel Zeit einsparen, wenn Sie gekauftes Kastanienpüree als Basis für dieses Parfait verwenden.

1• Die Eßkastanien auf der gewölbten Seite über Kreuz einschneiden. Die Milch zusammen mit dem Salz und der längs aufgeschlitzten Vanilleschote aufkochen.

2• Die Kastanien in die Milch geben und 30 bis 40 Minuten kochen. Danach alles etwas abkühlen lassen, die Kastanien abgießen und dann schälen. Dabei auch die braunen Häutchen entfernen.

3• Die Kastanien durch die feinste Scheibe des Passiergerätes drehen. Das Wasser und den Zucker zusammen aufkochen und anschließend den Sirup abkühlen lassen.

4• Nun die Eigelbe und den Zuckersirup cremig rühren. Das Kastanienpüree darunterrühren und das Ganze mit Kirschwasser oder Rum abschmecken. Die Sahne steifschlagen und zwei Drittel davon vorsichtig unter die Kastanienmasse ziehen.

5• Eine rechteckige Kuchenform mit Klarsichtfolie auslegen. Die Kastaniencreme in die Form geben und die Oberfläche glattstreichen. Die Creme 4 bis 5 Stunden gefrieren lassen.

6• Zum Servieren das Parfait auf eine rechteckige Platte stürzen. Es in etwa 3 cm dicke Scheiben schneiden und auf jede Scheibe mit der restlichen Sahne eine Rosette spritzen.

GETRÄNKETIP

süßer Schaumwein, z.B. Moscato

ÜBERSICHT ZU WICHTIGEN ZUTATEN
UND BEGRIFFEN DER ITALIENISCHEN KÜCHE

aceto balsamico

Ein aromatischer, süß-saurer Weinessig von dunkelbrauner Farbe. Er wird in den Provinzen Modena und Reggio Emilia aus Trauben hergestellt, die vor dem Pressen an der Sonne getrocknet wurden. In kleinen Holzfässern reift er mindestens 3 Jahre, wertvolle Sorten sogar mehr als 50 Jahre.

al dente

Damit wird die Konsistenz von Teigwaren, Reis und Gemüse angegeben. Wird *al dente* gekocht, ist das Gericht bißfest.

baccalà

Stockfisch aus Kabeljau, der vor der Konservierung stark gesalzen, aber nicht getrocknet wird. Er muß vor der Zubereitung mehrere Stunden gewässert werden.

Basilikum

Die aromatisch-herben Basilikumblätter finden in der italienischen Küche vielfach Verwendung, z.B. im *pesto genovese* (Rezept S. 208), in Tomatengerichten und Suppen.

bel paese

Ein weicher, aber schnittfester Käse aus Kuhmilch, der seinen Ursprung in der Lombardei hat.

bollito misto

Siedfleischeintopf aus verschiedenen Fleischsorten, u.a. mit Rindfleisch, Kalbskopf und -zunge sowie mit gefülltem Schweinefuß *(zampone)* und Schweinskochwurst *(cotechino)*. Er wird hauptsächlich im Piemont zubereitet.

bresàola

Luftgetrocknetes Rindfleisch aus dem Veltlin (Valtellina). Bresàola wird dünn aufgeschnitten und meistens mit Olivenöl und Zitronensaft beträufelt.

brodetto

Fischsuppe von der Adriaküste, die zusammen mit gerösteten Weißbrotscheiben serviert wird.

bruschetta (auch fett'unta)

Geröstete Brotscheiben, die mit frischem Knoblauch eingerieben und mit Olivenöl beträufelt werden.

cacciocavallo

Birnenförmig abgebundener Knetkäse *(filata)* aus Kuhmilch. In jungem Zustand ist er im Geschmack mild, später pikant. Je 2 Käse werden zum Trocknen an der Spitze ihrer Birnenform durch eine Schnur miteinander verbunden und rittlings über Stäbe gehängt (*caccio* = Käse und *cavallo* = Pferd).

cassata

Ursprünglich Biskuitboden mit süßer Füllung aus *ricotta* und kandierten Früchten. Stammt von der Insel Sizilien. Heute versteht man unter *cassata* auch Eistorten mit verschiedenen Eissorten sowie Nüssen und kandierten Früchten.

cotechino

Dicke, gut gewürzte Schweinskochwurst, die für *bollito misto* verwendet wird

crostini

Geröstetes Brot mit unterschiedlich gewürztem Belag, z.B. mit Leberstückchen. Sie werden als *antipasto* gereicht.

finocchiona

Toskanische Wurstspezialität aus Rind- und Schweinefleisch, mit Fenchelsamen gewürzt.

fontina

Halbfester, milder Schnittkäse aus Kuhmilch, der sowohl roh als auch gekocht verzehrt wird. Stammt aus dem Aostatal, wird aber oft imitiert.

frittata

Eierkuchen aus leicht geschlagenen Eiern, Gemüse und Gewürzen, der auf beiden Seiten gebacken wird.

gianduia

Weiche, süße Haselnuß-Schokoladen-Paste aus Turin.

gorgonzola

Halbweicher Edelpilzkäse aus Kuhmilch mit Ursprung in der Lombardei. Der Käse wird mit Schimmel-

pilzen geimpft und bekommt so
während der Reifung die charakteristische grünbläuliche Aderung. Eine
mildere Variante ist eine Käsekomposition aus Gorgonzola und Mascarponeschichten *(dolcelatte)*.

grana padano

Körniger (= *grana*) Hartkäse aus
Kuhmilch. Der aromatisch-würzige
Käse hat geschmacklich große Ähnlichkeit mit dem Parmesan und ist
sowohl als Tafelkäse als auch zum
Reiben geeignet.

grissini

Dünne, knusprige Brotstangen mit
Ursprung aus der Gegend um Turin.
Sie sind in ganz Italien verbreitet und
werden zwischendurch, zu *antipasti*
oder zu den Mahlzeiten gegessen.

in umido

Wird ein Gericht so bezeichnet, so
wurde es geschmort. Die Bezeichnung ist üblich bei Fleisch und
Gemüse.

Knoblauch *(aglio)*

Würzige Zwiebelknolle, die aus der
italienischen Küche nicht wegzudenken ist. Ihr Aroma ist besonders in
Fleisch- und Gemüsegerichten, in
Suppen sowie in kalten Saucen
(z.B. salsa verde und pesto genovese)
geschätzt.

Majoran

Sehr würziges Küchenkraut, das im
Geschmack etwas milder als Oregano ist. Der leicht bittere Majoran
verleiht Suppen, Kartoffelgerichten
und Gemüse die typische Note und
ist in der ligurischen Küche beliebt.

mascarpone

Milder Doppelrahmfrischkäse, der
als Sahneersatz verwendet werden
kann. Dank seiner cremigen Konsistenz lassen sich vorwiegend Süßspeisen (z.B. *tiramisù*) damit zubereiten. Er verfeinert aber auch,
mit Gorgonzolakäse vermischt
(dolcelatte), Risottogerichte und
Füllungen von Teigwaren.

Miesmuscheln *(cozze)*

Blauschwarze, längliche Muscheln,
die eine Größe von 4 bis 6 cm erreichen. Man kocht sie zusammen
mit Kräutern in Weinsud oder in
Tomatensauce, oder man fritiert sie.
Sie sind häufig Bestandteil von Fischsuppen.

minestra

Dünne Suppe mit Gemüsestückchen und Reis- oder Nudeleinlage.

minestrone

Dicke, gehaltvolle Gemüsesuppe mit
Nudeln, Fleisch, oft auch Hülsenfrüchten.

mortadella

Dicke, aromatische Wurst aus
Schweinefleisch mit eingearbeiteten
Speckwürfelchen und Pfefferkörnern, die für die *mortadella* typisch
sind.

mozzarella di buffala

Milder, weißer Käse ohne Rinde,
ursprünglich aus Büffelmilch, heute
jedoch meist aus Kuhmilch hergestellt. Der zu den Knetkäsen *(filata)*
gehörende *mozzarella* eignet sich als
Tafelkäse und zum Überbacken.

olio santo

Aromatisches Olivenöl mit eingelegten scharfen Pfefferschoten
(peperoncini) aus den Abruzzen.
Es wird zum Würzen auf gebackene
Pizza geträufelt.

Olivenöl

Speiseöl aus den Früchten des Olivenbaumes mit einem breiten Geschmacksspektrum. Die wichtigsten
Herkunftsregionen sind die Toskana
und Ligurien. Für Salate und kalte
Speisen sollte man des hervorragenden Geschmackes wegen *„olio di oliva
extra vergine"* (naturreines, nicht raffiniertes Öl aus erster Pressung,
„Jungfernöl") nehmen.

Oregano

Gewürzkraut, das auch als „wilder
Majoran" bezeichnet wird. Oregano
findet in der italienischen Küche
vielseitig Verwendung, z.B. für
Pizza, Saucen, Füllungen, für Teigwaren und Schweinefleischgerichte.

pan di Spagna

Süßer, luftiger Kuchen aus Sandkuchenteig, der oft mit Vanille oder
Likör aromatisiert ist. Er bildet die
Grundlage für die *zuppa inglese,* die
berühmte italienische Süßspeise.

pancetta

Dieser luftgetrocknete Bauchspeck findet in vielen italienischen Gerichten Verwendung. Er wird aufgerollt oder in Scheiben angeboten.

pappa (auch pancotto)

Dicke Suppe aus altbackenen Brotstücken, die in Brühe oder Wasser bis zum Zerfallen gekocht werden.

parmigiano reggiano

Der bekannteste italienische Käse ist der Parmesan aus der Emilia-Romagna. Der würzige Hartkäse aus Kuhmilch wird nicht geschnitten, sondern mit einem Spezialmesserchen abgestochen. Er paßt frisch gerieben hervorragend zu Teigwaren, *risotto* und Suppen, schmeckt aber auch in kleinen Stückchen als Dessert zu Rotwein sehr gut.

pecorino

Hartkäse aus Schafsmilch, den es in vielen regionalen Varianten (z.B. Sardinien, Toskana, Latium) mit unterschiedlicher Geschmacksausprägung gibt.

prosciutto di Parma

Parmaschinken, unverkennbar an seinem Brandstempel mit der fünfzackigen Herzogskrone, verdankt seinen delikaten Geschmack der Luft, die ihn beim Trocknen und Reifen umgibt. In ihr vereinigen sich Meeresluft, Pinien-, Kastanien- und Olivenaroma.

prosciutto San Daniele

Der Schinken aus Friaul ist im Geschmack kräftiger und süßlicher als der Parmaschinken.

provolone

Pikanter Hartkäse aus Kuhmilch mit charakteristischer Kegelstumpfform. Der Knetkäse *(filata)* aus Süditalien wird jung als Tafelkäse und nach 6 Monaten Reifezeit als pikanter Käse zum Reiben geschätzt.

Reis

In der Poebene liegt das Reisanbaugebiet Italiens. Zu den bekanntesten Rundkornreissorten gehören *arborio, carnaroli* und *vialone*. Mit ihnen lassen sich süße und pikante Gerichte (z.B. *risotto*) zubereiten.

ricotta

Quarkähnlicher Käse, der aus zweimal gekochter Milch gewonnen wird. Er eignet sich besonders gut für Füllungen von Teigwaren und für süße Speisen.

salame di Milano

Die bekannteste Salamisorte wird aus magerem, feingehacktem Schweinefleisch oder Schweine- und Rindfleisch hergestellt und hat kleine Fettaugen.

Salbei

Herb duftendes, etwas bitteres Küchenkraut, das besonders gut mit Fleisch- und Wildgerichten harmoniert und dessen Blättchen auf *saltimbocca* nicht fehlen dürfen.

Steinpilze

Sie sind die meistverwendeten Pilze in Italien. Im Herbst werden sie in großen Mengen frisch angeboten. Sie sind ganzjährig auch getrocknet *(funghi secchi)* erhältlich und haben ein kräftiges Aroma.

stoccafisso

Stockfisch aus Kabeljau, der vor der Konservierung nur schwach gesalzen und getrocknet wird. Er muß, ebenso wie *baccalà,* vor der Verwendung mehrere Stunden gewässert werden.

Tintenfische

In Küstengebieten sind *seppia* (Sepia), *calamaro* (Kalmar) und *polpo* (Krake) oft Bestandteile vieler Suppen und Gerichte mit Meeresfrüchten.

Tomaten

Sie werden hauptsächlich in Süditalien und in der Emilia-Romagna angebaut. Außer in frischem Zustand sind geschälte Tomaten in Dosen *(pelati)* und getrocknete Tomaten *(pomodori secchi)* oft verwendete Zutaten in vielen Gerichten.

Trüffeln

Mit diesen edlen und teueren Speisepilzen werden Salate und Pasteten verfeinert. Aus Italien kommen z.B. weiße *(tartufi di Alba)* und schwarze Trüffeln *(tartufi di Norcia)*.

zampone

Der mit Schweinehack und Gewürzen gefüllte Schweinefuß ist eine Spezialität aus der Emilia-Romagna und ist Bestandteil des *bollito misto*.

zuppa

Suppe, die über geröstete Brotscheiben gegossen wird oder eine Süßspeise (z.B. *zuppa inglese*).

REZEPTVERZEICHNIS NACH MENÜFOLGE

REZEPTVERZEICHNIS IN DEUTSCH

REZEPTVERZEICHNIS IN ITALIENISCH

Im FALKEN Verlag sind viele attraktive Titel rund ums Thema „Essen und Trinken" erschienen. Fragen Sie Ihren Buchhändler.

Dieses Buch wurde auf chlorfrei gebleichtem und säurefreiem Papier gedruckt.

ISBN 3 8068 4830 0

Umschlaggestaltung: Peter Udo Pinzer
Layout: Hartmut Steinebrunner, Frankfurt/M.
Texte zu den Regionen: Ulrike Bültjer
und Marianne Kaltenbach
Redaktion: Astrid Waller
Bildbeschaffung: Dr. Ruth Leners
Gestaltung und Herstellung: Petra Becker
Titelbild: Wolfgang und Christel Feiler Fotostudio, Karlsruhe (Rezept „Kürbisgnocchi auf Waldpilzragout", S. 62)
Weitere Fotos auf dem Schutzumschlag: Bilderberg, Hamburg: hinten links (Till Leeser), hinten rechts (Milan Horacek); **Silvestris Fotoservice,** Kastl/Obb.: innen links (Rauch Colordia); **Wolfgang und Christel Feiler Fotostudio,** Karlsruhe: innen rechts (Rezept „Wildhase nach Jägerart", S. 107)

Rezeptfotos: Wolfgang und Christel Feiler Fotostudio, Karlsruhe
Weitere Fotos im Innenteil: Bavaria Bildagentur, Gauting bei München: S. 14 o. sowie kleine Bilder am oberen Seitenrand auf S. 11-32 (Marcella Pedone), S. 75 u. (Klaus Thiele),
Bildagentur Schuster, Oberursel: S. 11 u. (Explorer), 34/35 (Prisma), 79 u. (Schiller);
Bildarchiv Huber, Garmisch-Partenkirchen: S. 6/7 (ohne Nennung), 13 li., 35 u., 76 li., 78 re. und 199 re. (Dolder), 74/75 (Simeone);
Bilderberg, Hamburg: S. 174 li. (Klaus Bossemeyer), 76/77 (Hans-Jürgen Burkard), 12/13 und 14 u. (Milan Horacek), 15 (Till Leeser), 78/79 und 79 o. (Hans Madej), 37 o. re., 77 u., 137 u. und 139 (Gert Wagner);

Monika Decker, Montabaur: S. 37 u. re., 117, 134/135, 135 u., 137 o., 138 o. li., 138 re., 138/139, 175 o. re., 176 o., 176 u. und 177;
Wolfgang Feiler Fotostudio, Karlsruhe: S. 4/5 u., 6 u. li., 58/59, 59 o., 59 u., 97 li., 114/115, 115 o., 115 u., 116 o., 116 u. re., 136 o. Mi., 136 u. li., 197 u., 199 li. sowie kleine Bilder am oberen Seitenrand auf S. 6-8, S. 35-52 und S. 218-224;
Silvestris Fotoservice, Kastl/Obb.: S. 55 u. (Berger), 10/11 und 13 o. re. (Bertrand), 112/113 (Sepp Dietrich), 157 u. (Werner Heidt), 172/173 (Hell), kleine Bilder am oberen Seitenrand auf S. 113-132 (Irsch), 116 u. li. und 176 Mi. (Ladislav Janicek), 2/3 und 57 (Wolfgang Korall), kleine Bilder am oberen Seitenrand auf S. 55-72 (Lenz Leonhard), 156 (Pfeiffer), 198 (Prato), 113 u. (Roverato), 196/197 sowie kleine Bilder am oberen Seitenrand auf S. 197-216 (Schneider und Will), 54/55, 77 o., 92/93, 93 u., 94/95, 94 re., 95, 96 o., 96 u., 156/157, 175 u. Mi. sowie kleine Bilder am oberen Seitenrand auf S. 75-90, S. 93-110, S. 135-152 und S. 173-194 (Otto Stadler), kleine Bilder am oberen Seitenrand auf S. 155-170 (Dr. Gerd Wagner), 97 re. (Wallis), 154/155, 155 u. und 157 o. (Otto Werner);
Klaus Thiele, Warburg: S. 36/37, 37 u. li., 56 Mi., 56 o. li., 56 u. re., 173 u. und 174/175;
FALKEN Archiv: M. Brauner: S. 22 re., 30 re., 32 Mi., 82 li., 112 u., 170 li., 186 re. und 216 o. re./**W. Feiler:** S. 10 u., 16, 18 re., 24 li., 24 re., 28 re., 32 re., 38 re., 42 re., 48 Mi., 62 li., 64 re., 66 li., 68 re., 70 u. re., 84, 98 li., 102 li., 104 re., 106 li., 106 re., 109, 118, 122 li., 122 re., 125, 126 li., 128 li., 128 o. re., 130 Mi., 130 re., 134 u., 140 li., 148, 150, 154 u., 172 u., 182, 194 Mi., 196 u., 200, 208, 210 li., 210 o. re., 210 u. re., 213, 214 Mi., 214 re., 218 re., 220 u., 221 und 222/**R. Feuz:** S. 60/ **Grauel & Uphoff:** S. 122 Mi., 214 li. und 223 Mi./ **B. Harms:** S. 200 re./**U. Kopp:** S. 44, 50, 54 u., 68 li., 72 u., 86 o. li., 100 li., 120, 146 li., 146 re., 166 Mi. und 218 Mi./**R. Schmitz:** S. 18 li., 26 re., 34 u. li., 38 li., 38 Mi., 40 li., 42 re., 44 li., 70 o. re., 82 li., 92 u., 100 re., 140 Mi., 166 re., 186 Mi., 192 re., 194 li., 202 Mi., 210 Mi., 219 re. und 220 o./**TLC:** S. 7 o., 8, 18 Mi., 18 u. re., 22 Mi., 28 Mi., 30 li., 34 u. re., 40 Mi., 42 Mi., 44 re., 48 re., 52, 62 o. re., 62 u. re., 64 Mi., 64 li., 67, 68 Mi., 70 li., 74, 86 re., 86 u. li., 89, 102 Mi., 102 re., 104 li., 106 re., 110, 111, 126 re., 128 u. re., 130 li., 140 u., 143, 144 Mi., 144 re., 146 Mi., 152, 158 li., 158 re., 164 o. re., 164 u. re., 166 li., 170 Mi., 170 re., 188 re., 192 li., 200 li., 202 li., 204 li., 216 li., 216 u. re., 219 Mi., 223 li. und 223 re./**Wissing:** S. 188 Mi. und 204 Mi.

Zeichnung: AS-Design, Ilse Stockmann-Sauer, Offenbach
Satz: Falken-Verlag GmbH, Niedernhausen/Ts.
Gesamtkonzeption: Falken-Verlag GmbH, D-65527 Niedernhausen/Ts.

817 2635 4453 6271